Cómo salir

Conversaciones para cada una

Incluye Cuaderno de Trabajo

Por Sandra Mateus Guerrero

Primera Edición Agosto 2018
ISBN: 9781717993144
Sello: Independently published

Gracias a las zonas oscuras por las que he atravesado

y a la luz que trajeron a mi vida

Tabla De Contenidos

SEGUNDA PARTE

Cuaderno de Trabajo

Introducción

¿Cómo entender nuestros miedos?, ¿O el hecho de sentir que nuestro mundo se derrumba ante una ruptura amorosa? Como experiodista de temas económicos, no puedo evitar buscar cifras y no tardé mucho en encontrar, por ejemplo, que según la Organización Mundial de la Salud, OMS, más de 800.000 personas se suicidan cada año, es decir, una muerte cada 40 segundos. ¡Una muerte cada 40 segundos! ¿Qué está pasando? Esa misma organización da la respuesta: una de las principales causas es la depresión, originada a su vez en diferentes circunstancias como comportamientos o pensamientos que hacen sentir culpables o avergonzadas a las personas (rupturas, fracasos, violencia) y sentimientos auto-críticos.

Pero no nos vayamos a situaciones extremas. Durante años he escrito sobre cómo afrontar muchas de estas situaciones, entrenado en técnicas para avanzar en nuestros bloqueos y generado cientos de conversaciones que han ayudado a muchos, a darse la posibilidad de tener resultados extraordinarios porque se permitieron ver como seres extraordinarios. Y todo esto me ha llevado, además, a aceptar una aparente imposibilidad, la de librarnos de la mayor de las tentaciones humanas: complicarnos la vida. Sí. En mayor o menor grado todos, sin excepción, hemos sucumbido a esa tentación. La siguiente pregunta es ¿cómo darle un sentido diferente a esto?

"Cómo salir de tus zonas oscuras. Conversaciones para cada una" es una travesía de entrenamiento en resiliencia, es decir, la capacidad que tenemos de recuperarnos de situaciones adversas y de convertir las crisis en oportunidades. ¿Cómo? A través del reconocimiento de esos momentos difíciles, que duelen, muchas veces calladamente en nuestro interior, y que nos llegan incluso a paralizar. En este viaje invito a reconocer, de una manera muy simple, las señales que nos advierten en cuál zona o espacio estamos ubicados. ¿Para qué? Para aceptarlo, reconocer las conversaciones que nos llevaron allí y una vez tomada la decisión de avanzar, cambiarlas.

¿Por qué centrarnos en las conversaciones? Porque no hay nada más poderoso en nuestra vida que el lenguaje. A través de él, le damos un significado a cada experiencia y cada persona. El lenguaje nos lleva a amar o a odiar, accionar o movilizarnos, querer o ignorar. Por esto, si un tipo de conversación me retiene en ciertos momentos, bastará con cambiarlo para observar lo que me sucede de forma diferente y abrir posibilidades. Esa puerta la abro a partir de un cambio en las preguntas, he aquí la influencia del coaching. Nadie queda igual después de una pregunta poderosa. Suena obvio, pero si así fuera ¿por qué lo ignoramos? Y para que esto no quede solo en la teoría, en la segunda parte del libro está el cuaderno de trabajo, práctico, con ejercicios específicos que nos llevan a pasar a la acción.

¡Quiero que aproveches cada zona, cada conversación que aquí te propongo! Porque ¿sabes algo? ***Mereces salir de esos momentos fortalecido(a) y lleno(a) de nuevas posibilidades***

Así pues... inicia el viaje... bienvenido, bienvenida a este conversatorio....

Sandra Mateus Guerrero

Zona 1 de la incapacidad y derrotismo
Diálogos internos: "No soy capaz"

"No puedo"

> ¿Cuántas veces convertimos situaciones temporales en barreras permanentes? Detrás de cada una es casi seguro que existe una creencia limitante.

Conversación clave: Identificar y diseñar nuevas creencias

¿Cuántas oportunidades se han perdido bajo los efectos de tres palabras: "no-soy-capaz"? Pues bien, por aquí vamos entrando a esta primera zona oscura, en donde desconocemos nuestra valía —autoestima—, y damos un paso seguro hacia el cultivo de estados de ánimo como la **resignación** que nos lleva a tener conversaciones como "no importa lo que haga, todo seguirá igual" o la **frustración** en donde hay conversaciones con el enojo como ingrediente adicional. Uno de los caminos que nos traen a esta zona, arranca en esos "tú no puedes" o "no sirves para eso" que nos podrían haber dicho padres, profesores u otras personas cercanas en nuestros primeros años. Esas palabras nunca quedaron en el aire. Al contrario, se instalaron con el ropaje de creencias o pensamientos profundos que rigen nuestras decisiones aún sin darnos cuenta y conforman el programa mental que guía nuestras acciones y condiciona resultados. Hay creencias que nos impulsan y otras que nos detienen. A estas últimas las llamamos limitantes.

Un niño vio un elefante del circo después de la función. Estaba encadenado a una pequeña estaca clavada en el suelo. Se asombró porque no podía entender cómo un animal tan enorme no fuera capaz de liberarse, y de hecho no hiciera el más mínimo esfuerzo. Decidió entonces preguntarle al hombre del circo quién le respondió: *"es muy simple, desde pequeño ha estado amarrado a una estaca como esa, pero como era muy chico no tenía la suficiente fuerza para liberarse por más que intentara, así que un día simplemente dejó de probar y se rindió"*

¿Cuántas veces convertimos dificultades temporales en barreras permanentes? En esta zona estamos hablando de conversaciones con nuestra actitud frente a las situaciones y las dificultades y si estamos instalados en este espacio, es muy probables que estemos como el soldado que se da por vencido antes de luchar. ¡Bajamos los brazos! En esta zona nos pesa el cuerpo, las ganas, el alma. Decimos "no puedo más" cuando aún estamos vivos y con un sendero por delante que nos llama a gritos.

¿Cómo cambiar las conversaciones en esta Zona?

No podemos modificar lo que no conocemos. Por eso, **el primer paso es identificar las creencias que hemos adoptado y nos han impedido tener la auto-confianza necesaria para cambiar este diálogo interno de "no soy capaz"** por "¡claro que puedo!". Son útiles para lograr lo anterior, preguntas como *¿cuáles creencias hay detrás de esto que me sucede? ¿qué patrón puedo identificar en mis resultados en... (el área o situación que se esté trabajando) ?, ¿Qué ha significado esto para mí?, ¿qué me ha costado esta creencia? y ¿a qué me resisto?*

Una vez identificada la conversación recurrente, el paso siguiente es abrirle la puerta a una nueva creencia. *¿Qué pensamientos quiero tener frente a esta situación? ¿qué de lo que me he dicho de mí quiero cambiar? ¿en qué decido creer a la hora de abordar una situación en donde pueda aparecer la anterior creencia?* El cambio no será de un día para otro, pues nuestras creencias las hemos cultivado por años. Así que una recomendación es escribir las respuestas que van surgiendo de preguntas como las anteriores y leerlas dos o tres veces al día, con la emoción adecuada, desde la tranquilidad y la esperanza, creando una imagen clara de lo que seremos capaces con esta nueva creencia.

¿Cómo salir de estados de resignación y frustración? Una vez dados los pasos anteriores y rediseñado creencias, es tiempo de construir nuevos diálogos que resignifiquen nuestros recursos personales *¿qué posibilidades veo ahora? ¿a qué me quiero desafiar?*

Entre más rápido abordemos estas conversaciones, más pronto comenzaremos a ver cambios en nuestros resultados. Así que dejo otra pregunta que nos acerca a la puerta de salida: **¿Qué me falta por hacer, por explorar, por arriesgarme?**

Alzar la cabeza, enderezar la espalda y mirar hacia adelante, aunque sintamos que el mundo nos pesa en los hombros, es la forma en que desde nuestro cuerpo podemos conversar para entender que si llegamos a esta zona lo hicimos en un momento de cansancio, pero que una vez recargadas energías, es hora de continuar en el camino.

Otras conversaciones sugeridas están en las zonas de Propósito, sueños, Ineficacia, Propósito; miedo, autosabotaje

Zona 2 de la autonegación
Diálogo interno: "yo soy así"

> *Si permitimos descubrirnos, hacernos cargo de lo que encontremos y comprometernos con crear nuevos mundos para nosotros, comenzaremos a ver con ojos diferentes aquello que en otros momentos nos habíamos reprochado y seguramente justificado ante los demás.*

Conversación clave: ¿qué costos estoy pagando?

Hace varios años en un taller para la construcción de proyecto de vida con un grupo de 30 chicos de entre 15 y 16 años, observé que uno de ellos mostraba indiferencia. Lo llamé aparte para conversar y me sorprendió su respuesta: *"no me gustan estos ejercicios para conocerse a uno mismo, mis padres me los hacen todo el tiempo"*. Buenísimo —le dije—, entonces tienes mucho que aportar al grupo, y él, sin inmutarse, como suele pasar a esa edad, me respondió *"no me interesa, porque me he dado cuenta de cosas que no me gustan de mí, pero igual no las voy a cambiar, yo soy así, punto"*. No había duda. Se había acomodado en la **Zona de la autonegación"**, en donde no nos hacemos cargo de aquello que seguramente está impactando negativamente nuestras relaciones y resultados.

¿Qué genera la permanencia en este lugar? Quienes están allí se muestran confiados externamente y desafiantes ante los demás. Esa frase de *"yo soy así y todos lo saben"* es un aviso grande y fluorescente que advierte de su negativa a hacerse cargo de lo que está generando. Sin embargo, hay ocasiones en las que es una fachada tras la cual se esconden conversaciones de auto-rechazo y una gran vulnerabilidad a ser descubiertos en su deseo de ser mejores.

¿Cuáles son las "ventajas" de instalarse de forma permanente en este espacio? En primer lugar, **esta conversación habilita para responsabilizar a otros o a las circunstancias de lo que sucede**: tengo mala suerte, siempre me pasa lo mismo, ya no hay gente sincera, los otros no me entienden, etc. ¿Y las desventajas? Algunas son dificultad para tener relaciones sanas, conflictos frecuentes o inestabilidad laboral.

¿Cómo cambiar las conversaciones en esta Zona?

Una primera conversación surge de las preguntas *¿qué impacto he generado a mi alrededor con esta forma de ser? ¿a quiénes he lastimado? ¿qué oportunidades he perdido? Si solo por un día mejorara aquello que me he dado cuenta que las otras personas rechazan de mí ¿Qué cambiaría?*

Uno de los principios de la Programación Neurolingüística dice que toda conducta tiene una intención positiva. Bajo esa premisa, es probable que me haya instalado en esta zona con un propósito positivo, me estaba defendiendo de algo o alguien y no encontré en ese momento otra forma de hacerlo. Sin embargo, es casi seguro que con el paso del tiempo las condiciones cambiaron, pero me quedé en esa estructura de pensamiento. Veamos un ejemplo. Escucho la sentencia *"soy tímido/a y esto me ha impedido relacionarme mejor con otros, e incluso paso por huraño/a, pero que le voy a hacer... así soy"*. El cambio en esta conversación llevaría a darme cuenta que en su momento esta forma de ser me permitió enmascarar algo más, ¿una Zona de miedo tal vez?, y allí estaba la intención positiva. La pregunta hoy sería *¿qué me detiene a abrirme más a los demás en este momento de mi vida? ¿a ser más arriesgado sin esconderme en esa etiqueta que bauticé como "soy tímido"?* Es probable que también haya creencias limitantes por identificar.

Entiendo que un chico de 15 años se niegue a aceptar lo que no le gusta de sí mismo y se resista al cambio, está en proceso de construcción y autoafirmación, pero el riesgo es que se quede allí y llegue a la adultez parado en el mismo argumento, con lo cual no va a permitir que su mejor versión salga a flote. Alguien dijo una vez: que no te vayas de este mundo sin haber mostrado la mejor versión de ti mismo...

Otras conversaciones sugeridas están en las zonas de autoestima, autosabotaje, y miedo

Zona 3 de la baja autoestima

Diálogo interno: No soy lo suficientemente bueno

> Conversemos a partir de preguntas sencillas como *¿qué he hecho cuando he logrado algo bueno? ¿qué he dejado de hacer cuando cometo errores?*

Conversación clave: mis recursos, mis valores, mis fortalezas

Si encuentro un anillo de oro macizo y lo llevo al carnicero para que me diga cuánto vale, podría ofrecerme 10 kilos de carne, y si lo llevo a un joyero podría sorprenderme con una oferta de 10.000 dólares. ¿Qué hizo la diferencia en el valor? El ojo que lo valuaba. ¿Cuántas veces hemos entregado a otros el poder de decidir nuestra propia valía? *"Si me dejas me muero" "Sin ti no valgo nada"* y tantas otras frases que, a fuerza de escucharlas en canciones, amigos, conocidos, en los diarios *"rompió con el novio y se mató"*, nos recuerdan lo subvaluada que hoy por hoy está la autoestima y nos lleva a instalarnos en un espacio donde escuchamos palabras de no merecimiento, de dolor por ser quién soy y no como hubiera querido ser, de *"yo no soy tan... como..."* , tan bonita, tan fuerte, tan inteligente, tan rico, tan afortunado...

Para entender esta **Zona** comencemos por definir la autoestima como el conjunto de creencias (limitantes o desarrolladoras) y valores (virtuosos o viciosos) que tenemos sobre quienes somos, nuestras capacidades, habilidades, recursos y potencialidades. **No existe una realidad, existen realidades acordes con los filtros que nos colocamos para verlas.** El sentido de valor propio influye en nuestras percepciones y, por ende, en nuestro dialogo interno, pues se genera inconsistencia entre nuestra verdad esencial y como percibimos las experiencias de la vida diaria.

¿No nos hemos encontrado con personas a quienes admiramos por alguna virtud o habilidad en particular, y cuando hablamos con ellas ni siquiera se habían dado cuenta de eso que despertó nuestra admiración? ¿Nos ha pasado a nosotros mismos? Se creería que esto solo afecta relaciones o nuestra propia tranquilidad, pero va más allá. La estima que nos tengamos es directamente proporcional a nuestras posibilidades de éxito en lo que emprendamos, porque nos habilita a o no a la toma de riesgos. Una persona con baja autoestima no los va a asumir, siempre va a ubicarse en el lugar más seguro y menos visible dado que no confía en sí misma y sus capacidades para sacar adelante lo que se propone, en tanto que tiene un muy bajo nivel de tolerancia al error. En cambio, otra con una autoestima en equilibrio – todo extremo es nocivo – no tiene aversión al riesgo, pero lo respeta, analiza, cubre, prevé e interpreta la posibilidad de error como una forma de aprendizaje y mejora.

¿Cómo cambiar las conversaciones en esta Zona?

La primera a revisar es la que desde el coaching ontológico se denomina de juicios personales, ello es, concientizarnos donde enfocamos la atención de nuestros pensamientos: en errores o éxitos, en fortalezas o debilidades. **Cambiar el foco es la clave.**

No necesitamos fijarnos solo en grandes logros como ganar un concurso o terminar una carrera profesional. Las cosas que consideramos pequeñas comienzan a verse de otra manera si las pasamos por el filtro de interrogantes cómo *¿qué de mí hace que yo no deje quemar un huevo?* Suena simple, pero cuando me reconozco logros en lo básico puedo empezar a subir peldaños. Siguiendo el ejemplo, lo cuidadoso que soy a la hora de fritar un huevo se reflejará seguramente en el cuidado de mis promesas y tareas. ¿Aquí ya no suena tan simple, cierto? Cuando identificamos este tipo de cosas ya no partimos de una imagen distorsionada de nosotros mismos y empezamos a tener aprendizajes.

Una conversación a evitar es la que lleva a comparar *"quién CREO que soy"* con *"quién DEBERIA ser"*. Este tipo de diálogos arrojan una imagen irreal de nosotros mismos. *¿A quién veo en el espejo cada mañana? ¿A quién quiero que vea mi familia, futuros clientes, socios, compañeros de trabajo?* Si aprendemos a reconocernos y aceptarnos en lo que somos, nos amaremos con gentileza, amor y compasión. Y en esa conversación de juicios personales podemos pasar de frases como *"qué estúpido soy"* a *"cometí un error, pero ¿qué aprendí con esto para no volverlo a hacer?"*.

He conocido y trabajado casos en donde a la persona le costaba trabajo algo tan sencillo como mirarse al espejo. Lo hacía solo cuando tenía que peinarse o asearse, pero evitando sostener la mirada y hasta tener pensamientos sobre sí mismo. No importa las razones que nos traigan a esta zona, siempre hay posibilidad y espacio para la generosidad hacia nosotros mismos. Lo merecemos porque, total, ¿quién más nos acompaña día y noche, en las buenas y en las malas?: Nosotros mismos.

Otras conversaciones sugeridas están en las zonas de Incapacidad, miedo, Indecisión

Zona 4 de la Indecisión

Diálogo interno: ¿será que sí? ¿y si me equivoco?

Toda elección lleva implícita una renuncia y por eso nos cuesta, porque **queremos "lo otro" sin soltar lo que tenemos.** *Escucharnos en lo que no estamos dispuestos a dejar atrás, nos da luces sobre el origen de nuestras resistencias y por ende de la inconsciente búsqueda de motivos para no avanzar.*

Conversación clave: con el impacto y mis resistencias

Hay momentos en los que se hace imperante tomar una decisión para cambiar lo que estamos viviendo. ¿Cuántos de nosotros nos hemos levantando en algún momento de nuestras vidas sintiendo que estamos en el lugar equivocado? Dice Anthony Robbins en su libro Poder sin Límites que "*en el mundo no hay nada que tenga un significado inherente. Nuestro parecer sobre las cosas y lo que hacemos en la vida depende de nuestra percepción de ello. La mala suerte es un punto de vista. La jaqueca de usted es la fortuna del* *vendedor de aspirinas... Decimos que tal cosa ocurrió y que "tal" significa "cual", cuando en realidad los posibles modos de interpretar cualquier experiencia son infinitos. **Si percibimos algo como una obligación, tal es el mensaje que enviamos a nuestro cerebro.** Si cambiamos nuestro marco de referencia para contemplar la misma situación desde otro punto de vista cambiaremos nuestra manera de reaccionar ante la vida"*.

Cuando nos encontramos en la **Zona de la indecisión** es muy probable que estemos bajo el pesimismo (tristeza + anticipación); ansiedad (anticipación + miedo); desconfianza y confusión, entre otras emociones y estados de ánimo. Y con este cóctel servido en la mesa, nuestras conversaciones estarán cargadas de frases como *"y si esto resulta ser un desastre"*, *"deme más tiempo para pensarlo... y luego más... y más..."* *"y si elijo mal"*. Entonces no nos movemos. Algunos dirán "estoy bloqueado" y otros, como mecanismo de defensa, elijen no "pelear" e instalarse, evitando el momento de decidir.

Y ni que decir cuando entramos en el espacio de las "decisiones difíciles". ¿Quedarme en el trabajo actual en el que llevo años y no disfruto, pero tengo la certeza de su estabilidad o emprender un negocio propio? ¿Dedicarme a mi pasión, aunque no me de muchos ingresos o al negocio rentable e inmediato que me ofrecen, aunque no forme parte de lo que amo hacer? ¿Usar el dinero extra que llegó para pagar deudas o irme de viaje? ¿Terminar con una relación importante pero conflictiva o volver a intentarlo? ¿Quedarme en mi país o migrar?... ¿Qué les da a estas situaciones esa connotación de "difícil"? Pues lo que hay en juego. Entre más estemos arriesgando, mayor tentación tendremos de permanecer en este lugar de la "no toma de decisiones".

¿Consecuencias? Pérdida de oportunidades personales y laborales, ruptura de relaciones o sufrir espacios personales tóxicos, vivir con emociones como ansiedad y enojo (surge cuando nos damos cuenta de lo que hubiéramos podido ganar), control excesivo en búsqueda de la seguridad necesaria, entre otras.

¿Cómo cambiar las conversaciones en esta Zona?

El primer paso, es salir de las emociones anteriormente mencionadas e invitar a otras como la serenidad, tranquilidad y esperanza (anticipación + confianza), que nos posibilitan más. Lo siguiente, es concientizarnos de la importancia que para nosotros tiene aquello sobre lo cual debemos tomar la decisión y comenzar a explorar implicaciones y significados. *¿Qué cambiaría para mí hacer o no hacer esto? ¿A qué debería renunciar?*

Dos preguntas poderosas en esta conversación son:

1) *De no tomar esta decisión ¿cómo voy a estar en 5 años?* Mirar hacia adelante es una manera de colocar en perspectiva lo que hoy nos detiene y puede empujarnos a movernos más rápidamente sobre el asunto en cuestión

2) *¿Qué opciones tengo? N*os permite conectarnos con el mundo de la posibilidad y salirnos de espacios en donde solo vemos en blanco y negro, para entrar a uno menos estresante que es el de las gamas intermedias. Si lo que hasta el momento he contemplado no me permite elegir con tranquilidad, ¿Qué otra opción puedo diseñar?

Otros interrogantes fabulosos para encarar esa sensación de no saber qué camino tomar son:

1) *¿Ahora mismo, ¿qué me mueve a plantearme esto?* (Sentido de urgencia)

2) *¿Qué valores son fundamentales en mi vida y de ellos cuales estaría colocando en riesgo con esta decisión?* (Sentido de identidad)

3) Si cierro los ojos y me veo primero en uno de los escenarios y luego en el otro, *¿en cuál de los dos sonreí mientras lo pensaba?* (Sentido de compromiso).

Nuestro cuerpo es el mejor consejero si le damos permiso de hablar y nos alistamos para escucharlo. Sensaciones como las famosas "mariposas en el estómago" no salieron de la nada y tienen mucha importancia, porque, y esto es algo que la mayoría desconoce, tenemos incrustados en las paredes estomacales alrededor de 500 millones de neuronas, es lo que se llama sistema nervioso entérico. Como vemos, algo tienen que decirnos.

La ecología en esta conversación

Mucho se habla sobre la necesidad de ser ecológicamente responsables y de emprender acciones que reduzcan el impacto negativo sobre el medio ambiente para garantizar, de esa forma, un presente más seguro para nosotros y un futuro más claro para los que están comenzando a vivir. De lo anterior, se deriva una nueva propuesta: Tomar decisiones ecológicas.

¿Qué es una decisión ecológica? Es el proceso de elegir siendo conscientes del impacto que ello generará en nuestra vida y, aquí viene lo ecológico, en la de quienes nos rodean. En ocasiones, estamos seguros del impacto positivo en nosotros, pero se nos olvida familia, pareja o empresa. Ejemplo, acepto este trabajo que me duplica los ingresos, pero debo reducir al mínimo el tiempo con mi pareja o mis hijos. En ese orden de ideas, *¿cuáles debieran ser los elementos al tener en cuenta a la hora de tomar una decisión ecológicamente responsable?*

El primero, es ser consciente de los **Efectos Futuros**, pues la influencia de mis decisiones va más allá del momento presente. El segundo, la **Reversibilidad** o velocidad a la cual se pueden revertir sus efectos y finalmente, la **Calidad** que impacta relaciones, valores y principios. Entre más factores estén involucrados en la consideración del camino a seguir, más conciencia se debe tener sobre el paso a dar.

Otras conversaciones sugeridas están en las zonas de Apego, metas, Incapacidad

Zona 5 de la condescendencia
Diálogo interno: "me cuesta decir NO"

> *Cada vez que consideremos decir "No" y no lo hagamos, veremos nuestra dignidad comprometida. Cada vez que digamos "No" y ello sea pasado por alto, consideraremos que no fuimos respetados.*

Conversaciones claves: autoconfianza, y declaraciones del NO y BASTA

"En muchos círculos sociales se cercena la posibilidad de decir NO. Desde chicos nos vemos buscando aceptación de los demás, porque ignoramos que la verdadera y principal aceptación a trabajar es hacia nosotros mismos, y a partir de allí nuestras relaciones serán de mayor honestidad. Así pues, en esa búsqueda externa y necesidad de formar parte de algo, el decir NO se convierte en una palabra poco conveniente.

Las consecuencias de permanecer en esta zona se ven a todo nivel. Chicos y chicas entran a formar parte de grupos que son nocivos para su salud física y/o mental, consumir drogas o iniciarse en el alcohol para no sentirse excluidos y rechazados. Personas que aceptan cargas de trabajo que sobrepasan su capacidad de respuesta y terminan con enfermedades derivadas del estrés. Padres que no colocan límites a sus hijos. **¿En qué espacio encajan entonces nuestros NO dichos y nuestros NO reprimidos?** En dos: en el primero comprometemos nuestra dignidad y en el segundo, donde construimos confianza con nuestro hablar. Veámoslo en detalle. ¿Qué es eso de comprometer nuestra dignidad? Cuando aceptamos algo que va en contra de nuestros principios y valores comenzamos a vivir en incoherencia y el precio que pagamos puede cargarse incluso a cuenta de nuestra salud física, mental y emocional.

En el segundo espacio: Construcción de la confianza al hablar. **Nuestra capacidad de cumplir las ofertas realizadas y los compromisos generados, siembra o destruye la confianza hacia nosotros, e incluso nuestra auto-confianza**. *¿A cuántas cosas nos hemos comprometido conscientes de no estar en capacidad de responder?* ¿Le confiaríamos uno de nuestros proyectos más importantes a alguien incompetente para cumplir promesas?

¿Cómo cambiar las conversaciones en esta Zona? "El instante mágico es cuando un SI o un NO cambian nuestra existencia". Lo dijo Paulo Coelho, pero pocas veces

nos damos cuenta de ese poder a nuestro alcance. Desde el coaching ontológico el lenguaje se convierte en un generador de realidades, en un instrumento de construcción no solo de descripción. Y es gracias a esa posibilidad que a partir de nuestras palabras creamos nuestro presente, relaciones y resultados. Aquí es donde comienza el cambio en la conversación para tomar el aprendizaje de esta zona, en la conciencia de que **las veces que decimos SI queriendo decir NO estamos poniendo en juego nuestra integridad, pues le damos más importancia al otro que a nosotros mismos.**

Una de las maneras de iniciar el abordaje de una nueva conversación en esta Zona es revisar y desinstalar creencias internas como *"negarme es de mala educación"*, *"si rechazo esto mis amigos me apartarán del grupo"*. ¡Puedo decir que NO! ¿cómo? De manera franca, explicando las razones por las cuales no podemos comprometernos con lo que se nos pide (tiempo, competencia, valores, autodeterminación, renegociar el pedido, etc.) Para lograrlo, también es importante tomarnos el tiempo de conversar con lo que sí queremos, auto cuestionarnos sobre objetivos, valores, principios no negociables, capacidad de respuesta y seguridad en mis competencias o habilidades. Todo lo anterior nos facilita salir de esta zona para pasar a una de mayor responsabilidad con nosotros mismos sin culpabilidad o temor al rechazo o crítica.

Conversación con el BASTA

Un día de 1955 una mujer negra de Alabama, Estados Unidos, cansada de sentirse obligada a ceder su puesto en el autobús a las personas de tez blanca, dijo ¡Basta! Y no se puso de pie. Su nombre era Rosa Parks. Por entonces, los vehículos estaban señalizados con una línea: los blancos adelante, los negros detrás. Así, la gente de color subía al autobús, pagaba al conductor, se bajaba y subía de nuevo por la puerta trasera. Pero Parks ese día se negó a seguir la norma y sufrió las consecuencias: pasó la noche en el calabozo acusada de perturbar el orden público y pagó una multa de catorce dólares. Y más allá de esto, lo que ella hizo inspiró a muchos otros, incluyendo a un joven llamado Martin Luther King. La historia da cuenta de lo que sucedió después.

No quiero hablar de historia. Quiero que hablemos de nuestro derecho a rechazar lo que nos incomoda, nos hacen infelices y nos mantiene en estados de resignación, tristeza, enojo e incluso frustración. Cuando no ejercemos ese derecho estamos deteniendo el fluir normal de nuestra vida, pues hacemos caso omiso a lo que nuestras emociones y nuestro propio cuerpo nos están alertando y diciendo por todos los medios: ¡aprendamos y avancemos! Decir ¡Basta! implica haber dicho primero "NO". No quiero esto para mí. No merezco esto. Por eso es una conversación hermana, pues quién convive con el no poder decir NO seguramente también es incapaz decir BASTA. Declarar un alto a lo que sucede permite cerrarle la puerta a ese espacio que no queremos y seguramente nos está causando daño, para abrir la del cambio, aprendizaje y evolución. En esta nueva conversación es importante comenzar a relacionarse con los miedos *¿qué amenaza siento que tengo si digo BASTA? ¿qué puedo hacer para prepararme y enfrentarla? ¿Qué panorama se abre ante mí si doy el paso? ¿Qué costos dejaría de pagar?* (emocionales, físicos)

¡Basta de continuar con el trabajo que no me llena y donde no es valorado lo que puedo hacer! ¡Basta de esa relación que me deprime, violenta o empequeñece! ¡Basta de mi carácter explosivo que daña mis relaciones con los demás! ¡Basta de no confiar en mí mismo/a!

Otras conversaciones sugeridas están en las zonas de autoestima, Propósito, miedo

Zona 6 del Miedo

Diálogo interno: "¿por qué no puedo? ¿qué me pasa?

El primer paso es habitar esta Zona no como quien está conviviendo con el enemigo sino con un amigo franco y directo, porque el miedo en realidad siempre nos está protegiendo, advirtiendo que nos hace falta recursos para enfrentar una amenaza.

Conversaciones claves: Identificar amenazas y recursos disponibles

¿Cuántas oportunidades hemos dejado pasar por temer? ¿Cuántas personas, lugares, situaciones o circunstancias no conocimos porque nos paralizamos ante la desconfianza? El miedo a emprender un negocio, comenzar una carrera, dejar un empleo mal remunerado, terminar una relación con la que no me siento satisfecho o soy maltratado, causa un estancamiento que, literalmente, se roba nuestra vida y aspiraciones.

Estamos hablando de una emoción central. Cuando estamos anclados a la **Zona del Miedo**, generalmente no lo admitimos (¿miedo yo?) y creemos que, al ignorarla y colocarle vestidos como el enojo o la sobrades, los demás no se van a dar cuenta y de paso nosotros tampoco.

"Sólo una cosa convierte en imposible un sueño: el miedo a fracasar", decía Paulo Coelho. Este es uno de los miedos básicos del ser humano y puede entenderse como el temor anticipatorio a perder lo conseguido e incluso, lo que aún no se ha obtenido. En otras palabras, tememos por lo que aún no sucede, con lo cual el origen no es una situación real sino imaginaria. El segundo gran miedo es al rechazo, sustentado en la necesidad de ser querido. Nuestro cerebro está programado para huir o atacar en caso de miedo, se llama instinto de supervivencia, pero no son los únicos mensajes que podemos extraer de esta emoción, no somos tan básicos, pero a veces pareciera que sí.

¿Cómo cambiar las conversaciones en esta Zona?

Antes de entrar a las formas prácticas de enfrentar el miedo en cualquiera de sus ropajes, es importante concientizarnos de que todo lo que nos ocurre a nivel emocional, afecta nuestra salud física. Los estudios de la Sintergética o la Medicina Tradicional China, con más de

5.000 años de antigüedad, señalan que cada emoción básica se halla unida a un órgano vital. Según estas corrientes, el miedo principal residiría en el riñón, afectando al metabolismo de líquidos y minerales corporales por el riñón, la vejiga y el pulmón. Los miedos derivados del principal, se encontrarían en el sistema digestivo (estómago, bazo, páncreas y sobre todo en el hígado y la vesícula biliar) y serían el resultado de no digerir bien las vivencias pasadas, quedándonos anclados en ellas, sin haber aprendido las lecciones que nos ofrecían. Por eso, abordar las conversaciones con esta emoción desde una mirada diferente se torna todavía más importante.

¿Qué está en juego? Es la primera pregunta para abordar esta conversación. *¿Qué amenaza estoy viendo y para la cual siento que no estoy preparado?* Si ya me ocurrió esto una vez y no tuve resultados *¿qué aprendizaje puedo tomar de allí? ¿Qué puedo hacer para estar más preparado?* Hay ocasiones en las que este temor no está relacionado directamente con la situación que enfrentamos, ni con su importancia o dificultad, sino con lo que pensamos de dicha circunstancia, de nosotros mismos o de cómo sus resultados nos pueden afectar y remitir así a nuestro sistema de creencias. En otras palabras, hay ocasiones en las que el

miedo no es por la circunstancia misma, sino por lo que nos imaginamos de ella.

Un segundo paso es entrenarnos en reconocer las señales físicas de nuestro cuerpo cuando siente que está entrando en esta zona *¿Cómo están mis manos? ¿Mi rostro? ¿Las palpitaciones de mi corazón?* Identificar estas señales a tiempo, permite generar una conversación más efectiva. *¿Mi cuerpo está reaccionando a algo real o imaginario como un recuerdo de alguien con quien debemos hablar, pero le tememos?* Y una pregunta clave: **¿de qué me quiere proteger esta emoción?** Es probable también que nos quiera preservar de algo o alguien que estuvo en nuestro pasado y se ancló en nosotros, pero ya no está ni la situación, ni la persona.

¿Qué haría si no tuviera miedo?

Otras conversaciones sugeridas están en las zonas de Autonegación, autoestima, Incapacidad, Propósito

Zona 7 de la resistencia al cambio

Diálogo interno: "¿para qué voy a cambiar si siempre he sido así? "Así estoy bien y si no les gusta..."

> Quienes habitan de forma permanente en esta Zona, suelen tener desgaste emocional producto de las tensiones, inquietud e incluso ansiedad. Y ni qué decir de lo que generan a su alrededor: insinceridad, conflicto, insatisfacción..

Conversación clave: Identificar origen de las resistencias

Si hubiera un slogan para esta zona podría ser *"mejor malo conocido que bueno por conocer"*. Es una manera de encubrir algo más profundo: miedo a salir de una zona de confort. ¿Qué es la zona de confort? El conjunto de creencias y acciones a las que estamos acostumbrados. Es el estado de lo conocido. Se refleja desde lo simple como ir por el mismo camino a los mismos lugares, porque ¿para qué probar otro?, hasta lo complejo como permanecer en el trabajo que nos quita energía por años.

Cuando elegimos la zona conocida sentimos seguridad y confianza y generamos hábitos de pensamiento que nos llevan a mantenernos por más tiempo en el mismo lugar. Es una trampa difícil de abandonar y por eso nos cuesta dar el paso adelante y cuando llega el momento de considerarlo, caemos en un área que se llama "de preocupación", en donde entran en juego todos nuestros temores, olvidándonos de algo: el cambio es lo único constante en nuestra vida. Hoy no somos lo que fuimos ayer y eso es lo que nos ha permitido crecer y ser mejores cada día.

Cambiar conlleva modificar nuestra conducta o forma de pensar ante una nueva situación. Cuando se rechaza esa posibilidad aparecen diálogos alrededor de frases comunes como *"para que vamos a inventar la rueda cuando ya está hecha"*, *"siempre ha sido así"*, *"quién más que yo para saber que esto no necesita cambios"*, *"yo ya estoy muy viejo(a) para cambiar"*

¿Cómo cambiar las conversaciones en esta Zona?

El primer paso es aceptar nuestra reticencia al cambio y no solamente frente a una situación en particular sino como una constante. Hay señales que nos pueden ayudar: vivo en la crítica inmediata y sin importar que propuesta es, siempre pongo una traba; me niego a aceptar que las cosas son diferentes y requieren otro tratamiento; saboteo abiertamente cuando se trata de un cambio colectivo o, al otro extremo, me sumerjo en un silencio que no aporta y bloquea. A partir de aquí, sugiero preguntas disparadoras de conversaciones poderosas como: *¿realmente, a qué me estoy resistiendo? ¿qué miedo subyace en todo esto?* **Es probable que descubramos un temor a perder lo que hemos logrado en el pasado**, reticencia a eliminar malos hábitos, sentimiento de que se están atacando valores o costumbres en las que creemos, o duda frente a si seremos capaces de adaptarnos a las nuevas condiciones... entonces lo que hacemos es retrasar ese momento.

Identificar dicha resistencia y lo que está en juego para nosotros, permite dar el paso hacia una nueva mirada de la situación y avanzar hacia la pregunta *¿qué necesito saber para disminuir el temor que me genera este cambio?* *Y si hay más personas involucradas ¿qué necesitamos saber todos?* A partir de allí, la construcción de escenarios se realiza con el abordaje de otra conversación que lleve a diseñar futuros posibles *¿qué veo aquí que me atrae?* Comenzamos entonces a entrar en un diálogo que lleva a la acción y que puede apoyarse en los siguientes pasos:

1. **Decidir qué se quiere con exactitud**. Cuando avanzamos en un proceso incierto, el camino

aparece con niebla... y ¿a quién le anima caminar cuando no ve sino a pocos metros de distancia? Por eso, es fundamental visualizar los resultados *¿qué es lo que quiero lograr? ¿qué es lo que voy a cambiar con exactitud? ¿dónde y cómo me sentiré cuando realice dicho ajuste?*

2. Definir qué se quiere conservar Al abordar un proceso de ajuste personal, profesional o corporativo, es fácil instalarse en la **Zona de resistencia al cambio** para alejarse de la posibilidad de perder lo que ya se tiene. Esto se evita generando una conversación que nos lleve a proteger aquello que está funcionando bien y queremos conservar o proteger *¿Qué queremos evitar que se pierda en el camino?* Es la pregunta clave.

3. **Elaborar un plan.** Esto es como alcanzar una meta, hay que trazar un camino, en lo posible anticipando aspectos como los recursos que vamos a necesitar, en quién nos podemos apoyar, etc.

4. **Hacer un balance** de habilidades y fortalezas que van a apoyar el proceso.

Otras conversaciones sugeridas están en las zonas de Apego, autosabotaje, Autonegación, miedo

Zona 8 del autosabotaje

Diálogo interno: "yo si quiero, pero…"

> Es útil realizar una lista de deseos o metas no cumplidas, desde un viaje pospuesto, hasta llamar a alguien. Una vez hecha, escribir en frente de cada acción ¿qué hice para no lograrlo? ¿qué razones me di en ese momento? Esta conversación nos lleva a identificar patrones, conversaciones internas que se registran una y otra vez aún en situaciones totalmente diferentes.

Conversaciones claves: identificar creencias e intenciones

¿Acostumbramos a decir que queremos algo y después simplemente no hacemos lo que deberíamos para conseguirlo? ¿Esperamos una llamada importante y se nos olvida prender el celular? ¿Queremos elaborar una propuesta interesante para ser considerada en la empresa y lograr ser tenidos en cuenta en un proyecto estratégico y de repente empezamos a estar "muy ocupados" atendiendo otras cosas?

Si la respuesta es afirmativa a alguna de estas preguntas es probable que nos hayamos instalado en esta octava zona.

¿Cómo se manifiesta? Nos convierte en expertos inconscientes de las justificaciones razonables, lógicas y creíbles para comportamientos que generan aplazamientos hacia otros o con nosotros mismos. La procrastinación es una invitada permanente en este espacio y consiste en posponer sistemáticamente el cumplimiento de deberes, tareas y responsabilidades. El procrastinador puede con el tiempo vivir una constante frustración al fallar continuamente en lo que se propone.

¿Cuál es la conversación que comúnmente nos impide hacer algo?... es una pregunta que hago en talleres y cursos sobre comunicación efectiva o coaching ontológico al abordar el tema conversacional y las respuestas varían entre "la conversación negativa", "la que se hace con personas que no aportan, que nos critican" o "la que tenemos con nosotros mismos" ... ¡Eureka! A esta última es a la que invito a mirar de cerca. Se llama conversación privada, y es la que SIEMPRE, nos impide o anima a poner en marcha cualquier acción, desde mover el dedo para marcar un teléfono y comunicarnos con alguien, hasta dar los pasos necesarios para alcanzar un objetivo.

¿Cuáles son entonces las conversaciones en esta **Zona del autosabotaje**? Aquellas que incluyen frases como "ya estoy muy viejo (vieja)", "no soy capaz", "no tengo tiempo", "mañana empiezo", "mejor me quedo callado(a)", "no sé", "primero hago esto otro".

¿Cómo cambiar las conversaciones en esta Zona? El primer paso, como lo hemos mencionado constantemente, es reconocer su presencia en nuestras vidas e identificar los patrones de auto saboteo. Una buena manera de hacerlo es empezar por lo pequeño para ir avanzando hacia lo más profundo. *¿Qué áreas de mi vida estoy afectando? ¿Qué costos he pagado por esto?* —emocionales, laborales, financieros, etc. *¿Qué he ganado?* Siempre ganamos algo consciente o inconscientemente, como evitar alguna situación, mantenernos en una zona cómoda, aunque no ideal, cubrir miedos.

Si lo que aparecen acá son miedos pues conversemos con ellos *¿A que le temo realmente?* Si tiene que ver con capacidad personal *¿Qué paso puedo empezar a dar para mejorar en ese aspecto, competencia o habilidad?* Y si se relaciona con el no querer hacerse cargo de lo que está generando *¿qué es lo que estoy evadiendo realmente? ¿qué estoy ganando con esto?*

Salir de esta zona a partir de conversaciones sobre nuestros motivadores internos, nos permite dar el paso hacia la construcción de acciones que realmente vamos a cumplir y de esa manera el ciclo del hábito de no cumplimiento con seguridad poco a poco se va quebrando.

Otras conversaciones sugeridas están en las zonas de Incapacidad, autoestima, Autonegación, miedo

Zona 9 de las crisis

Diálogo interno: "ya no aguanto más", "algo debo hacer"

> *A medida que se aceptan las circunstancias difíciles como una posibilidad, se adopta una actitud proactiva que lleva a trabajar con compromiso total para encaminar aquello que no está saliendo bien.*

Conversaciones claves: identificar emociones y cambiar las preguntas

La crisis es definida como una situación grave y decisiva que pone en peligro el desarrollo de un asunto o proceso. Hablemos entonces de esas coyunturas difíciles y complicadas para una persona. Desde el coaching es vista también como un "quiebre" o punto de ruptura que genera estados de ánimo, pensamientos y acciones, que de no ser vistos como una oportunidad de mejora pueden desembocar en algo inmovilizante. Esto aplica en ámbitos corporativos (una caída abrupta en las ventas, problemas de reputación, fusiones o procesos empresariales mal manejados ante alguna de sus audiencias) o personales (pérdida de empleo o un ser querido, infidelidad).

Y aunque la mayoría de las personas, en particular los adultos, saben y recitan de memoria aquella frase atribuida a la sabiduría oriental de *"las crisis crean oportunidades"*, la verdad es que, a la hora de enfrentar circunstancias adversas, solo unos cuantos actúan de forma coherente con esa forma de pensar.

En esta zona, las conversaciones giran alrededor de preguntas y frases como ¿por qué a mí?, "siempre me pasa esto", "yo no podré", "no merezco esto", "¿hasta cuándo?", "la vida no me quiere", ¿por qué me tocó ese jefe?, "mi familia es un desastre", "justo me tenía que chocar ese auto", "la economía del país no me permite salir adelante", que bloquean cualquier opción de avanzar hacia la búsqueda de alternativas.

He elegido las 10 principales conversaciones que no le permiten a una persona encontrar salida a una crisis, y las he escuchado en mis sesiones de coaching a lo largo de más de ocho años.

1. Esto no es culpa mía
2. Mañana lo resuelvo
3. No quiero volver a fracasar

4. No puedo dejar los hábitos que no me ayudan

5. Siempre he sido "tan de malas"

6. Estoy tan deprimido/a que no puedo pensar en nada

7. Tengo miedo de no salir adelante.

8. Esto no es tan malo como parece y algún día se va a solucionar.

9. Estoy confundido/a y prefiero quedarme quieto

10.Ya estoy viejo/a para estar en estas

¿Cómo cambiar las conversaciones en esta Zona?

Albert Einstein decía: "La crisis es la mejor bendición que puede sucederle a las personas y países, porque trae progresos. La creatividad nace de la angustia como el día de la noche oscura".

Es importante evitar preguntas que incluyan ¿por qué? para dar paso a otras como ¿qué más?: ¿qué más necesito tener en cuenta? ¿qué más requiero o necesito aprender? Esto cambia perspectivas y actitud frente a las situaciones. Ubicarse en la actitud adecuada es fundamental.

Un ejemplo que lo ilustra está en la siguiente historia: *"Había dos viejos campesinos. Uno era optimista, el otro pesimista. Cuando el sol brillaba, el optimista comentaba: ¿No está precioso el día? ¡está bello! ¡el sol brilla! Es* saludable para nuestras cosechas. Y el pesimista respondía "el sol está muy caliente, nos está matando las plantas. "Está resecando la tierra". Cuando llovía el optimista decía "¿No es maravilloso? ¡justo lo que necesitábamos!" y el pesimista respondía "No, ¡es mucha lluvia! La cosecha se va a dañar por el lodazal".

Cuando estemos en la actitud correcta podemos escuchar a las emociones presentes. Es muy probable que haya rabia, enojo - *¿qué se me está saliendo de las manos? ¿qué amenaza mi dignidad o valores?* – o miedo, decepción – *¿qué estoy perdiendo y no quería perder?* –, si entiendo el mensaje que subyace a la emoción puedo avanzar hacia el diseño de una visión *¿qué puede aparecer como bueno y útil para mí en medio de toda esta situación?*

Hablar de buscar opciones para las crisis inevitablemente nos lleva a conversar con el cambio y hay dos pensamientos en este espacio que pueden causar pánico. Uno de ellos es "nada cambia" y otro, en el lado opuesto es "hora de cambiar todo". Los dos tienen consigo una serie de elementos que generan ruido. En el "nada cambia" surgen insatisfacciones no resueltas, resignación, no conformismo o frustración; en tanto que el otro "hora de cambiar todo" puede llegar vestido de temores frente a la capacidad para asumir esos cambios, o imposibilidad de soltar, incertidumbre...

¿Qué conversación entonces podemos diseñar para avanzar y no quedar confiado entre estos dos extremos? Estaba organizando mis ideas sobre el tema, cuando encontré un video en LinkedIn, red profesional que valoro mucho por la calidad de aportes, sobre el modelo de cambio del profesor de Harvard John Kotter, que, si bien es aplicado a las organizaciones, a medida que lo fui escuchando, en mi cabeza se iba relacionando totalmente con el tema que nos ocupa. Así que tomé los ocho pasos de este modelo y los ajusté al ámbito personal a partir de preguntas que espero generen conversaciones que abran posibilidades:

PASO 1 Establecer un sentido de urgencia. ¿Qué importancia tiene esto para mí? ¿Qué costos estoy pagando por postergar una decisión frente a esta circunstancia? Es fundamental verbalizar aquello que podría hacer la diferencia entre continuar con esa elección en el cajón y colocarla sobre la mesa en la sección de prioridades.

PASO 2. Formar una coalición: ¿En quién me puedo apoyar? ¿Qué conversaciones estoy teniendo conmigo mismo que me han impedido ser mi principal aliado? Generalmente contamos con apoyo a nuestro alrededor, pero no lo solicitamos, no levantamos la mano. Y fundamental: mi principal aliado soy yo ¿cómo me estoy auto saboteando?

PASO 3. Crear una visión clara de cambio. ¿Cómo me visualizo una vez haya logrado esto que quiero iniciar? ¿Qué quiero sentir y vivir que no siento ni vivo ahora? ¿Cuáles son los valores que sostienen esta visión? Cuando mi atención deja de estar en los temores e inseguridades y avanza hacia un futuro posible, esas emociones dan paso a otras como confianza y entusiasmo.

PASO 4. Comunicar la visión. ¿Quiénes a mi alrededor sería importante que compartieran esta visión? ¿Cómo la puedo compartir? En este paso es fundamental elegir compartirla en mi círculo de confianza y entre quienes me van a dar fuerzas y apoyo en el camino.

PASO 5 Gestionar los obstáculos. ¿Qué dificultades preveo en el camino? ¿Qué requiero de mi para afrontar esa dificultad? ¿Cómo me puedo preparar? Uno de los mensajes que nos envía la emoción del miedo, es que hay recursos que no tenemos para enfrentar aquello que sentimos como una amenaza, así que cuando incorporamos esos recursos, el miedo va desapareciendo.

PASO 6 Triunfos a corto plazo. ¿Qué logros voy obteniendo? ¿Cómo puedo ir reconociéndolos? Proponer pequeños pasos que se van a convertir en pequeños triunfos, alientan a continuar y nos ayudan a apreciar nuestra valentía y coraje en el proceso.

PASO 7 Crecer sobre el cambio ya generado ¿Qué puedo mejorar en este camino que he avanzado? ¿Qué no estoy contemplando? ¿Qué he aprendido de mí? En la puerta del horno se quema el pan, decían las abuelas. No hay que declarar la victoria antes de tiempo y dar todo por concluido

PASO 8 Institucionalizar el cambio. ¿Quién soy yo ahora? ¿Qué competencias adquirí en el proceso? ¿Cómo me voy a cuidar para fortalecerlas? Todo proceso de aprendizaje es efectivo cuando lo mantenemos con nosotros, cuando aprendimos que podíamos ser más de lo que creíamos, que, como dice la esencia del coaching: nos permitimos liberar todo nuestro potencial.

Otras conversaciones sugeridas están en las zonas de miedo, resistencias, Incapacidad, metas, Propósito

Zona 10 del apego

Diálogo interno: "no puedo decir adiós", "me cuesta olvidar"

> *Quizás tener el armario lleno de ropa que hace años no usamos habla de alguien que se preserva, que teme estar "desnudo". Quizás aferrarnos al recuerdo que nos hace daño habla de alguien que encontró en ese dolor que trae una y otra vez al presente, una excusa para no hacerse cargo de su incapacidad de perdonar. ¿De qué aprendizaje me estoy privando?*

Conversaciones claves: soltar y confiar

Si hay algo difícil en la vida es decir adiós. Por eso en esta nos aferramos física y emocionalmente a personas, lugares o cosas que en algún momento nos brindaron satisfacción. Alguien dijo alguna vez **"las cosas y circunstancias que hemos dejado atrás están en su lugar correcto, en el pasado, hay que dejarlas ahí, pues no es saludable vivir con tantos recuerdos y cosas que no nos permiten vivir el momento presente"**. Sin embargo, son esos recuerdos los que nos causan una sensación de falsa seguridad, de "esto lo conozco", aunque no me hace bien. De hecho, está el viejo adagio "más vale malo conocido que bueno por conocer" como una prueba de que no siempre la sabiduría popular es tan sabia como creemos.

¿Por qué nos aferramos a todo esto? Nuestra mente condicionada a lo externo se aferra a lo tangible y "seguro" para ser feliz, es decir busca el control a través de lo externo. Bien dice Paulo Coelho "...no podemos ser niños eternos, ni adolescentes tardíos, ni empleados de empresas inexistentes, ni tener vínculos con personas que no quieren estar vinculados con nosotros". Y aun así guardamos objetos inútiles, aunque sabemos que no los volveremos a necesitar.

Es necesario desprenderse de la piel vieja, como hacen las serpientes, para crecer y desarrollarse. A veces hay que tomar la bolsa de basura y tirar lo que nos retiene e impide avanzar.

¿Cómo cambiar las conversaciones con esta Zona?

Dice la leyenda que el monje joven se acercó al viejo para adquirir nuevos conocimientos. Le dijo que quería aprender. El monje viejo sin pronunciar palabra comenzó a servirle té, cuando llegó al borde de la taza continuó vertiendo de manera que el té se desparramaba hacia fuera. Ante la sorpresa del joven, el viejo le dijo, "*Viniste con tu taza llena, si estás dispuesto a aprender algo nuevo antes debes vaciar tu taza*". Desprenderse de aprendizajes viejos que sirvieron en otro contexto, en otro tiempo, es lo que nos va a permitir seguir evolucionando. Es fácil distinguir en los otros esta incapacidad para soltar. Soltar vínculos, soltar los éxitos pasados, soltar la "seguridad", las "quejas".

Decir adiós es ejercer nuestro derecho a elegir con qué o quiénes nos queremos quedar. Para lograr esa conversación, debemos atrevernos a identificar qué parte de quienes somos no nos está sirviendo para lograrlo. En una sesión de coaching personal, el coachee, es decir la persona con quien realizaba el proceso, decidió decir adiós a su incapacidad para aceptar que se podía equivocar. Se dio cuenta que, al rechazar retroalimentación sobre sus errores, evitaba mostrarse como una persona débil porque si lo hacía, comenzaría a perder el respeto de los demás. Relacionaba error con debilidad y no le estaba funcionando, tenía problemas no solo con su equipo de trabajo sino con su pareja, así que tomó la decisión de elegir una mirada diferente del error: aprendizaje y desapegarse de la creencia que le sostenía su comportamiento.

Y aquí llegan dos preguntas valiosas para un nuevo diálogo: *¿cuáles son mis resistencias para soltar lo que sé que ya no tiene cabida en la vida que quiero vivir? ¿En qué áreas he venido acumulando "inservibles"?* Esta conversación saca a flote las raíces más profundas de nuestros apegos y probablemente también nuestros miedos.

"Un Rey recibió como obsequio un hermoso halcón y lo entregó al maestro de cetrería para que lo entrenara. Pasados unos meses, el instructor le comunicó que el ave no se había movido de la rama de un árbol desde el día de su llegada a palacio, a tal punto que había que llevarle el alimento hasta allí. El Rey mandó a llamar curanderos y sanadores de todo tipo, pero nadie pudo hacer volar al ave.

Encargó entonces la misión a miembros de la corte, pero nada sucedió. Por la ventana de sus habitaciones, el monarca podía ver que el pájaro continuaba inmóvil. Publicó por fin un bando entre sus súbditos, y, a la mañana siguiente, vio al halcón volando ágilmente en los jardines. Traedme al autor de ese milagro, dijo. Enseguida le presentaron a un campesino. ¿Tu hiciste volar al halcón?, ¿Como lo hiciste?, ¿Eres mago, acaso?

Entre feliz e intimidado, el hombrecito solo explicó: No fue difícil, su Alteza: solo corté la rama. El pájaro se dio cuenta que tenía alas y empezó a volar"

¿Cuáles son las ramas a las que nos aferramos y nos impiden darnos cuenta de toda la fuerza que tenemos en nuestro interior para dejar atrás lo que no sirve? De repente la relación que no quiero soltar, habla de mi poca capacidad para convivir conmigo mismo. Los aprendizajes que se derivan de esta zona son maravillosos y nos permiten concientizarnos de quienes somos, en tanto nos quitan un peso enorme de nuestros hombros.

Otras conversaciones sugeridas están en las zonas de autoestima, Propósito, sueños, miedo, no cambio

Zona 11 del sin propósito

Diálogo interno: "¿y para qué soy bueno?" "no le hallo sentido a esto que hago"

> Un ejercicio interesante sería preguntarles a nuestros padres, hermanos, familiares, amigos, compañeros del colegio, antiguos profesores... que hubieran dicho ellos que seríamos de mayores a partir de las cosas que hacíamos bien. Qué recuerdan de nosotros. Qué nos caracterizaba. Hagamos este ejercicio con la mente abierta, sana curiosidad y ganas de aprender a conocernos.

Conversaciones claves: identificar talentos, pasiones y propósito de vida

Hay una pregunta que puede agobiarnos si no tenemos la respuesta y es esa que sin ser invitada llega a nosotros una mañanita o tardecita, en medio de cualquier actividad o de ninguna, solos o acompañados y viene vestida del siguiente traje: *¿Es esto lo que realmente quiero hacer con mi vida?* Y de pronto nos damos cuenta que habitamos en esta zona. No son pocas las veces en las que en mis sesiones de coaching personal o conversaciones con amigos escucho frases como *"no sé qué hacer ahora"*, *"no tengo un motivo para vivir"*, *"estoy cansado(a) de llevar esta vida"* y *"en realidad no se para que soy bueno(a)"*. Generalmente de niños no nos hablan de estos temas y nos vemos caminando por la vida en búsqueda de soluciones del día a día, aferrándonos a personas, trabajos o círculos sociales, que, si bien no nos llenan, nos permiten continuar sin apuros y cuando por alguna razón las perdemos, el piso se nos mueve y nos vemos en un callejón que pareciera no tener salida.

Señales propias de esta zona: nos levantamos sin entusiasmo por lo que estamos haciendo, vivimos en la queja constante de nuestros propios resultados, nos sumimos en profundas crisis a las cuales no vemos salida, criticamos los resultados de otros permanentemente, nos dejamos abatir fácilmente por las dificultades, depresiones, sentimientos de vacío interior. *"Tengo todo lo que se puede pensar que uno debe lograr: dinero, una familia hermosa, viajo, me doy gusto en lo que quiero... pero no sé por qué vivo inconforme conmigo y a veces me levanto sin motivos para ir a trabajar"*, me dijo una vez un ejecutivo al inicio de un proceso de coaching personal que lo llevó sesión tras sesión, a aceptar que estaba en esta zona y comenzar a diseñar conversaciones que le llevaran a descubrir su propósito de vida.

Una vida sin propósito es una vida sin sentido. Y cuando no logramos darle sentido a algo, simplemente lo abandonamos. En este caso eso que empezamos a abandonar es la vida misma.

¿Cómo cambiar las conversaciones en esta Zona?

Cuenta la historia que alrededor de seis millones de judíos fueron asesinados en los campos de concentración alemanes durante la segunda guerra mundial. Lo que allí ocurrió ha sido ampliamente documentado en libros, películas y otro tipo de testimonios, los cuales seguramente se han quedado cortos frente a las atrocidades históricas cometidas. Uno de dichos testimonios fue el de Victor Frank, psiquiatra judío, quién no solo sobrevivió al holocausto nazi, sino que aún en medio de esta experiencia logró un aprendizaje que salvó su vida y, años después de finalizada la segunda guerra mundial, reveló una faceta aún más profunda del conflicto: el pensamiento de un superviviente. Y lo hizo en su libro *El Hombre en Busca de Sentido*. Allí plasmó cómo, aún en las circunstancias más severas, el ser humano necesita fijar su mente en algo más elevado que su situación presente. Frank comprobó que al hombre se le puede arrebatar todo salvo una cosa, la última de las libertades humanas: la elección de la actitud personal que debe adoptar frente al destino. No se trata de ignorar el presente, sino de darle un sentido. Como lo dijo Nietzsche, *"el que tiene un porque puede soportar cualquier como"*.

Un primer paso en esta conversación para descubrir nuestro propósito de vida es conocernos mejor, relacionar talentos, visión, pasión y vocación. Comencemos por recordar aquello que disfrutábamos y hacíamos bien de niños. Los esquemas tradicionales de educación y en ocasiones los padres, dentro de sus buenas intenciones, son "mata talentos". ¿Dibujabas muy bonito, pero reprobaste matemáticas? Muy seguramente contrataron a un profesor de matemáticas y no a uno de dibujo.

Podría ayudar también agudizar nuestra auto observación: *¿qué cosas hacen que volemos con la imaginación en cualquier momento?, ¿qué vemos en otros (programas de tv, amigos) que sin querer nos hacen sentir una emoción extraña y un suspiro como de "yo sería feliz haciendo y viviendo de eso"?* Si nos permitimos recibir las respuestas, el siguiente paso es relacionar esas actividades con lo que hacemos bien y se nos facilita hacer. Picasso decía: "el éxito es 1% de inspiración y 99% de transpiración". **Nuestros talentos por si solos no nos van a llevar a**

donde queremos, debemos cultivarlos, aprender de ellos y ser constantes. Si lo logramos comenzamos a ver posibilidades que antes no estaban a nuestros ojos.

Un segundo espacio de conversación propongo que sea conectarnos con nuestra pasión, aquello que amamos profundamente hacer, en donde ponemos esos talentos en marcha. Sin pasión no hay vocación. Las buenas aptitudes o el talento no son suficientes. Necesitamos pasión en lo que hacemos, aquí está la diferencia entre "un día más" y ¡Un día más! Entonces, si tuviéramos la oportunidad de elegir a qué dedicarnos durante el resto de nuestra, ¿qué sería? Si la respuesta incluye lo que hacemos hoy, vamos por buen camino. Si no, es tiempo de revisar si en realidad nos apasiona lo que hacemos. *¿Qué te mueve hoy… que te mueve cada mañana? ¿La obligación o el deseo de hacer lo que haces? ¿El salario o una motivación más fuerte?* **Le escuché alguna vez a una experta en recursos humanos: el dinero no motiva, mueve**. Hace tiempo hice un video sobre este tema en mi canal de YouTube Gimnasia Conversacional, el cual te invito a visitar. Se llama <u>¿Sabes cómo encender la llama de la pasión?</u>

¿Qué actividad estoy dispuesto/a hacer día tras día aun si me dijeran que no voy a recibir dinero a cambio?

A veces me pregunto: **¿y si desde la primaria, bachillerato —secundaria—, nos enseñaran menos química y más propósito y proyecto de vida?** ¿Si le bajaran las horas a trigonometría y le subieran más a autoconocimiento? Que me perdone mi profesor de trigonometría —de esto hace ya más de 30 años -, pero nunca utilicé lo que aprendí en su clase, pero si me quedé con sus charlas sobre hacer las cosas bien y ser mejores cada día, ser autoexigentes.

Iniciar una conversación para lograr la conexión entre talento, pasión y vocación para adentrarnos en los terrenos de nuestro propósito de vida, nos regalará muchos beneficios como ser más asertivos en nuestras decisiones, más capacidad para afrontar dificultades, emociones más posibilitantes, mejor estado de salud y más. ¿Por qué? Porque vamos a VIVIR la vida que realmente queremos.

Otras conversaciones sugeridas están en las zonas de <u>sueños</u>, <u>autoestima</u>, <u>Condescendencia</u>

Zona 12 del desamor

Diálogo interno: "no logro buenas relaciones", "no puedo encontrar una pareja que me haga feliz"

> *Cuanto más nos amemos, más atraeremos a nuestro lado personas que tengan una imagen equilibrada de sí mismas, no solo románticamente, sino en general en nuestras relaciones personales y profesionales*

Conversaciones claves: Autoestima y confianza

Romeo y Julieta, con el debido respeto a la literatura universal, no fueron ni son el mejor alimento para la salud emocional de la sociedad. ¿Cómo es eso de que sin el otro yo no puedo vivir? Frases como "la media naranja" o "mi peor es nada", han impulsado históricamente a buscar inconscientemente en el otro lo que no vemos en nosotros y reflejan de paso una urgente necesidad de una mayor valoración personal. Esta programación es reforzada musicalmente. De hecho, podríamos dedicar hojas y hojas a las miles, millones, de frases cargadas de mensajes sobre dependencia emocional: "encadenada a ti", "puedes acabar hasta mi vida" o "si tú no estás mi vida se me va". Aunque así escritas, fuera de contexto, no tienen gracia, ¿quién, en medio de una "tuza" en algún momento de su vida, sin importar la edad, no ha colocado baladas románticas, rancheras, etc.... y lloró como —tomo prestada una frase de mi adolescente hijo— "si no hubiera un mañana"?

Si todo parara aquí está bien, total, de alguna manera tenemos que desahogarnos. El tema es que, sin darnos cuenta, nos vamos acomodando en esta zona donde nos olvidamos de nuestra valía y aparecen situaciones complejas como apegos a relaciones tóxicas, invalidación de la propia dignidad para validar el espacio que el otro quiere, renuncia a nuestros deseos por los deseos del otro, cultivo de hábitos de suplencias emocionales-sexuales permanentes para no sentir soledad, o, el caso extremo: suicidios por "amor". En mi labor como coach personal, me encuentro que el área emocional, en particular la relacionada con la pareja, es una de las que con más frecuencia se encuentra en desequilibrio, desbarajustando de paso otras áreas. ¿O quién trabaja feliz después de haber discutido con su pareja?

Vivimos gran parte del tiempo esperando un signo de aprobación de los demás, un mensaje externo que nos haga sentir queridos y apreciados. Cimentamos nuestra felicidad en la mirada de quien amamos y cuando esto no ocurre, para muchas personas es fatal. Esto puede ser la situación extrema, pero forma parte de nuestra realidad. De hecho, en muchas ocasiones no somos conscientes de los factores limitadores que nos están impidiendo no solamente encontrar esa pareja anhelada, sino relacionarnos a profundidad con quienes nos rodean, y construir relaciones realmente valiosas.

¿Cómo cambiar las conversaciones en esta Zona?

Lo que se nos olvida, es que antes de salir a buscar al otro, a nuestra "alma gemela" es primordial encontrarnos con alguien más importante, y antes de conversar "con el otro" debemos hacerlo "con nosotros". Por eso, la primera conversación es con nuestra autoestima, en un diálogo que nos evite derrumbarnos ante cualquier adversidad emocional y nos lleve a buscar siempre lo mejor para nuestra salud física, emocional y psicológica.

Una linda conversación en este tema, parte de tres preguntas y para responderlas, propongo pararnos frente a un espejo o una foto nuestra:

➢ ¿Qué sentimientos despierta en mí, mi propia imagen?

➢ ¿Cuándo fue la última vez que pensé algo agradable sobre mi aspecto físico o mi forma de ser?

➢ ¿Cuántas críticas al día me hago?

¿Otra conversación interesante? Hagamos un listado de las cualidades que queremos encontrar en otra persona y una vez realizada reflexionemos sobre cuáles ya están en nosotros. Este se convierte en un espacio conversacional muy poderoso, porque cada comportamiento o sentimiento que no encontremos como nuestro, nos lleva a hacer un plan de mejora personal: *¿Cuál es la causa de querer ver en el otro esto que no veo en mí? ¿A qué carencia mía responde? ¿Qué quiero hacer con esto? ¿Cómo lo voy a incorporar no por el otro, sino por mí?*

Y ni que decir cuando pasamos por una separación dolorosa. Ese volver a empezar necesita de todos nuestros recursos disponibles para que la autoestima, confianza y amor propio no salgan lastimados. Recientemente encontré una frase que le atribuyen a la Madre Teresa de Calcuta, difícil comprobar si es de su autoría realmente, pero enmarca muy bien lo que estamos hablando: *"Hay personas que están solas y viven y brillan y se entregan a la vida de la mejor manera. Personas que no se apagan, al contrario, cada día se encienden más y más. Personas que aprenden a disfrutar de la soledad porque las ayuda a acercarse a sí mismas, a crecer y a fortalecer su interior. Esas personas son las que un día sin saber el momento exacto ni el por qué se encuentran al lado del que las ama con verdadero amor y se enamoran de una forma maravillosa"*

Otras conversaciones sugeridas están en las zonas de autoestima, autosabotaje, miedo, Condescendencia, Apego

Zona 13 de sin sueños

Diálogo interno: "soñar no cuesta nada", "tengo otras prioridades"

> Se dice que cuando dejamos de soñar empezamos a envejecer. Los sueños nos dan la energía para ir en busca de eso que más deseamos en la vida. Cuando tenemos un "para que", los "cómo" aparecen y si no empezamos a crearlos, a buscarlos, a superar obstáculos para avanzar hacia aquello que queremos.

Conversaciones claves: autoestima, tomar decisiones, miedo

En una actividad realizada con un grupo de empresarios del cual formé parte, debíamos escribir en pocos segundos varias cosas de nosotros y entre ellas lo que más disfrutábamos. Y una vez más, pues ya me había sucedido en otras ocasiones, me descubrí escribiendo "soñar". Amo soñar, no echar globos, soñar con ideas, lugares, hechos realizados. Y gracias a esos sueños he logrado varias de las cosas que hoy siento han sido logros para mí como escribir varios libros, vivir en la Patagonia Argentina, estudiar con grandes del coaching latinoamericano, viajar por varios continentes pero que me pagaran por hacerlo (¿quién no ha tenido ese sueño?), ver crecer a dos hijos hermosos... en fin... la lista es larga. ¿Y por qué comparto esto? Porque le encontré sentido a una frase de Paulo Coelho: *"La posibilidad de realizar un sueño es lo que hace que la vida sea interesante"*.

Deseamos las cosas con fuerza, pero ¿en realidad confiamos en que lo vamos a lograr? En esta zona se encuentran sentadas más personas de las que nos imaginamos y allí conviven calladamente con la tristeza, frustración y hasta rabia. Las conversaciones que se escuchan llegan con frases como "no puedes", "primero tus hijos, tu esposo, tu esposa", "los sueños son para los que tienen plata", "eso es para quien es joven" ... y terminan archivando sus sueños en el mueble del rincón, con la esperanza de que algún día "alguien" les ayude a desempolvarlos, y ... es posible que se queden esperando.

Decía Mahatma Gandhi: *"realmente soy un soñador práctico; mis sueños no son bagatelas en el aire. Lo que yo quiero es convertir mis sueños en realidad. Los sueños son lo que le dan vida a nuestro existir, a seguir adelante y no rendirnos ante las adversidades"*.

Es por eso que elegí hace muchos años el coaching, porque desde aquí he apoyado a muchas personas a encontrarle un sentido diferente a sus dificultades, a recuperar sus verdaderos sueños y afianzarse en ellos para salir de aquella situación complicada que incluso en momentos los ha llevado a pensar que no tenían mucho más por que vivir. Ese es el poder de un sueño: NOS LLENA DE VIDA.

En mi libro Legado de Vida rescaté la siguiente historia: *Cuentan las leyendas, que en el reino ficticio de Alagaësia, los Jinetes de Dragón gobernaron una vez de forma justa. Estos nobles personajes cabalgaban a lomos de dragones, con los cuales formaban una única entidad. Una vez que nacía un dragón destinado a crear un Jinete, ambos comenzaban su período de entrenamiento. Jinete y montura crecían en fuerza y sabiduría, dominando tanto el arte de la guerra, como el arte de la magia. Entre ellos se establecía un vínculo mental y anímico muy fuerte, tanto que la muerte del Jinete significaba la muerte del dragón, aunque no al revés. El dragón prefería sacrificar su vida antes que su jinete la perdiera. Ahora bien, si el Jinete poseía el conocimiento suficiente de la gramaticia, podría romper el vínculo entre él y su dragón, salvando así la vida de este último. Sin embargo, aunque el jinete podía seguir viviendo sin su compañero, su vida no volvía a ser la misma, un vacío enorme le marcaría hasta el día de su muerte, porque los dos estaban destinados a vivir juntos hasta la eternidad...* Nuestros sueños son nuestros dragones, se sacrifican por nosotros y podemos vivir sin ellos, pero con menos brillo.

¿Cómo cambiar las conversaciones en esta Zona?

Aquí voy a proponer varias, porque se necesita intervención profunda. Recuperar la fortaleza que se requiere para abordar estos diálogos requiere de un primer paso: construir una visión tan fuerte que nos impulse a dejar la comodidad de los "cuando pueda" o "algún día".

Por eso, en esta ocasión el cóctel de conversaciones ya está servido en otras zonas y para tomarlo visita las siguientes zonas, preferiblemente en este mismo orden: autoestima, autosabotaje, Indecisión, miedo, Propósito y metas

Tus sueños, son tus dragones y ellos de seguro se han sacrificado por ti para que pudieras sobrevivir, adaptarte a las circunstancias, pero ¿sabes qué? Si un día llegaron a ti es porque estaban seguros que tu tenías lo que necesitaban para volar.

Zona 14 del temor a la exposición

Diálogo interior: "tengo pánico escénico"

> *Cómo no puedo controlar lo que le pasa al otro, entonces genero mecanismos que me apartan de ese lugar. Y como no puedo controlar, por ahí puede aparecer también el enojo, porque pretendo que las cosas sean de una determinada manera y no lo logro.*

Conversaciones claves: soltar el control y definir mi oferta de valor

Sudoración, temblor, taquicardia, tensión muscular y respiración entrecortada, son entre otros, algunos de los síntomas físicos en quienes, a la hora de exponerse ante una audiencia grande o pequeña, conviven en esta zona 14, a la cual se accede atravesando otro espacio que ya conocimos: la Zona 6 del miedo. Y no se crea que esto les pasa a pocos. Si hiciéramos un sondeo entre quienes conocemos, nos sorprenderíamos del volumen de personas que confesarían sufrir de este tipo de manifestaciones, las cuales pueden llegar incluso al nivel de bloqueo mental, pérdida de concentración o impacto en la auto estima.

Lo curioso es que esto no es en todos los casos, directamente proporcional con el grado de sociabilidad que tenga el expositor. Hay quienes pueden ser muy abiertos, amigables y elocuentes en espacios de informalidad, pero al pasar al frente, en una situación más formal de exposición, se transforman y su cuerpo reacciona con algunas de las características mencionadas inicialmente. ¿Qué pasa allí? ¿Por qué nos instalamos en este espacio?

Hay varias razones: miedo a ser observado, a las críticas, a no tener respuesta a preguntas que puedan surgir del auditorio, a la posibilidad de ser ridiculizados en nuestra exposición, a generar aburrimiento, a no saber qué hacer si hay rumores o conversaciones paralelas entre los asistentes, etc. Y si lo notamos, hay una emoción común: el miedo.

Vamos por partes. Recordemos que esta emoción es una valiosísima señal que indica una desproporción entre una amenaza que se presenta ante nosotros y los recursos con los cuales contamos para enfrentarla. Sin embargo, nuestra confusión la ha convertido en una "emoción negativa" que debe ser eliminada. Y ya vimos que no es así.

Entonces, en esta zona ¿Cuál es esa amenaza que percibo? Me atrevo a afirmar qué a ser juzgado, al juicio del otro y termino focalizándome en ello. Entonces, aparecen esos diálogos internos de "¿y que van a decir? ¿Y si se me olvida todo, que van a pensar?, asomándose poco a poco algo más que subyace en el fondo de estos pensamientos, el control.

¿Cómo cambiar las conversaciones en esta Zona?

¿Qué hacer? Es simple. Sí, es simple y podemos ahorrar todo un curso de "Cómo perder el miedo a hablar en público": conversemos primero sobre cómo soltar el querer controlar los juicios del otro, para empezar a enfocarnos en el valor que quiero crear para ese otro. Es un cambio de enfoque en nuestros pensamientos y es allí cuando mis conversaciones internas girarán en torno a preguntas como *¿Qué oferta quiero ser para estas personas? ¿Qué quiero que se lleven una vez yo hable? ¿Qué hay en mí que voy a dar genuinamente?*

¿Se nota cómo cambian las preguntas que generan el temor? ¿Qué diferencia generaría la preparación de una presentación pública a partir de estas preguntas? Y para fortalecernos, a partir de este punto si hablemos de buscar técnicas que nos ayudan en la forma de comunicar: cómo respirar, cómo mirar al auditorio, cómo hacerlo participe, cómo disfrutar lo que hago para que ellos también disfruten el regalo que les estoy dando.

Otras conversaciones sugeridas están en las zonas de autoestima, autosabotaje, resistencias, miedo

Zona 15 de la ineficacia I: Incumplimiento de metas

Diálogo interno: "me quedo a mitad de camino"

Dice Shearson Lehman "compromiso es lo que transforma una promesa en realidad. Es la palabra que habla con valentía de nuestras intenciones. Es la acción que habla más alto que las palabras. Es a hacerse el tiempo cuando no lo hay. Es cumplir con lo prometido cuando las circunstancias se ponen adversas".

Conversaciones claves: con el compromiso para la acción

Esta zona es muy sutil. Viene disfrazada de conversaciones bonachonas como *"bueno, en otra ocasión será"*, *"yo no había tenido en cuenta X y Y, así que mejor dejémoslo para después"*, *"pediré un plazo adicional"*, *"nada voy a perder si espero unos meses más para terminar esto"* y así, suave, suavecito, vamos dejando a mitad de camino desde terminar la lectura del libro, el ahorro para ese viaje que decíamos era "nuestro sueño", hasta carreras universitarias o compra de bienes. Objetivos, metas o decisiones que no se cumplen. Un elemento conduce al otro.

Esta primera Zona de ineficacia enfocada en las metas no es un tema menor. Instalarnos aquí genera, además, consecuencias emocionales, pues es un caldo de cultivo de enojos, discusiones e incluso frustraciones. Y no es para menos. Dilatar sistemáticamente el cumplimiento de nuestros objetivos, es condenarlos a una muerte lenta y, en muchas ocasiones, segura. ¿Qué puede haber detrás de esta tortura? La respuesta puede estar en un temor profundo a la equivocación, la incapacidad para salir de una zona cómoda o los motivos en la que se está allí, o a darnos cuenta que no creemos lo suficiente en nosotros mismos. Siempre hay una razón más profunda que una simple falta de tiempo o interés. Tiene que ver con creencias e incluso con motivaciones.

A primera vista rendirse o dar excusas por lo que no se ha logrado requiere menos esfuerzo. Léase la zona del Autosabotaje. Pero cuidado, porque no es así. Consume el mismo nivel de energía sentarse a pensar en lo difícil que está la economía y el país (cómo excusa para no hacer) o armar un buen argumento que justifique el no cumplimiento, que generar conversaciones para prever escenarios y llevar a feliz término lo que se empieza. ¿En cuál de las dos direcciones queremos enfocarnos?

¿Cómo cambiar las conversaciones en esta Zona?

Cuentan que un gerente le preguntó a un alto ejecutivo de una compañía por el reporte de progreso de uno de los proyectos más importantes en ese momento y ante la respuesta del directivo de que no había iniciado el trabajo, pero eventualmente se encargaría, el gerente se subió en la mesa de reuniones, se inclinó hacia su ejecutivo y le gritó "¿Eventualmente? ¿Por qué no ahora?" Esta frase fue tan impactante que se convirtió en el lema de la compañía durante 50 años. Se trataba de Medal Gold Fluor, empresa norteamericana que comercializaba harina, y esas preguntas: "¿Eventualmente? ¿Por qué no ahora?" se convierten en la mejor arma para luchar contra el asesino natural de las oportunidades que se nos presentan en la vida: la DILACION, que según la real academia de la lengua es una demora, tardanza o detención de algo por algún tiempo. Abraham Lincoln decía "No se puede escapar de la responsabilidad del mañana al evitarla hoy".

Así que la primera conversación tiene que ver con mi compromiso. *¿Con que estoy comprometido realmente?* Todos lo estamos con algo. Cuando, por ejemplo, se está comprometido con la inacción haremos todo lo posible para cumplir con ese compromiso, gastaremos horas pensando en las excusas que nos lo avalan, nuestro cuerpo seguramente se enfermará y en ese estado es claro que poco podremos hacer o generaremos situaciones sin darnos cuenta que nos afecten emocionalmente ¿se entiende?

Entonces, si tomamos la decisión de encarar esta Zona a partir del compromiso, voy a proponer una conversación en cinco etapas basada en sendas preguntas.

PRIMERA. ¿Quién seré para lograr lo que me propongo?

Esta es una pregunta que pocas veces nos hacemos, e involucra nuestros hábitos y creencias personales limitantes o posibilitantes. Cuando hablo de quién seré, no solo me centro en lo que haré, sino en mi compromiso con cambiar aquello que hasta el momento no me ha servido para avanzar (hábitos, conversaciones, etc.)

SEGUNDA. ¿Cuál es mi mayor miedo hacia adelante?

Hay temas que a veces queremos barrer debajo de la alfombra, pero no por esconderlos desaparecen. Al contrario, es fundamental colocarlos encima de la mesa y conversar con ellos, porque están por alguna razón. El miedo puede estar atado a la falta de confianza en una de mis competencias o la de otros, a mi necesidad de control o a mis conversaciones no posibilitantes.

TERCERA. ¿Cómo me voy a dar cuenta que estoy cumpliendo los objetivos que me he planteado?

Este es un indicador fundamental. Poder definir qué cosas son las que estoy buscando, me permite intuir más claramente lo que necesito para lograrlo. "Cuando ya no tenga discusiones con X y nuestras conversaciones terminen en coordinación de acciones y no en un portazo" es diferente a decir "Cuando estemos tranquilos". La primera me da un panorama más claro de lo que quiero entonces puedo comenzar a mirar las tácticas. *¿Qué tipo de conversación necesito generar? ¿Con quiénes? ¿Cómo me preparo?*

CUARTA. Si esta meta depende también de más personas ¿Qué me haría falta para comprometerlas con el resultado propuesto?

Cuando los resultados no son solo individuales, sino que hay un equipo involucrado, es importante detenernos en este punto. Todos estamos siempre comprometidos con algo, el tema es en donde está el compromiso de cada uno de los miembros del equipo y cómo hacer para alinearlos. De esta pregunta surgirá seguramente la necesidad de varias conversaciones o procesos.

QUINTA. ¿Qué es lo mejor que tengo para dar?

Centrarme en lo que sé hacer, mis habilidades, mis actitudes positivas… hacer la lista de todas mis fortalezas, va a apoyarme en lo que quiero lograr.

Otras conversaciones sugeridas están en las zonas de Propósito, sueños, tiempo, autosabotaje, Condescendencia

Zona 16 de la ineficacia II: el tiempo

Diálogo interno: "el tiempo no me alcanza" "no soy bueno para manejar mi agenda"

Conversaciones claves: creencias y planificación

Quienes usan mal su tiempo, son los primeros en quejarse de su brevedad. Muchas personas se esfuerzan todos los días de manera más o menos exitosa en organizar sus diferentes tareas, citas y trabajos de rutina. Y cuando se han convertido en habitantes permanentes de esta zona de ineficacia encubierta bajo el "no me alcanza el tiempo", las conversaciones al final del día seguramente rondarán alrededor de frases como "todo el día ocupado y no terminé lo que tenía que hacer", "a qué hora se me fue el día", "se me olvidó que tenía que hacer X, llamar a Y".

Antes de entrar a mirar aspectos puntuales tales como si llevamos o no agenda, si tenemos claras nuestras actividades prioritarias o un acertado esquema para el manejo de las urgencias, es interesante tener en cuenta que el manejo personal del tiempo depende no solo de la personalidad, sino de las creencias que cada quien ha generado a lo largo de su vida con relación a este tema. Cuentan fundamentalmente las experiencias vividas durante la niñez y la forma cómo los adultos nos relacionaron con el factor tiempo. En muchas ocasiones lo que predominaba en esta relación era la búsqueda de ocupar en algo nuestras horas, independiente si era prioritario o no, si cada acción tenía un fin o si requería de disciplina. Lo importante era que nos vieran en movimiento. Y así nos encontramos ahora, en un continuo derroche de tiempo, que al final del día podemos lamentar cuando miramos hacia atrás y vemos que poco hemos avanzado.

En el ámbito corporativo, muchos líderes embarcan a sus equipos en proyectos que prometen rentabilidades importantes, pero no son realistas sobre los requerimientos de tiempo de cada uno de sus colaboradores y menos aún se encargan de alinearlos alrededor de la meta que se quiere obtener. El resultado: proyectos postergados debido a que quienes están inmersos no pueden disponer del tiempo necesario para las tareas que le corresponden.

¿Cómo cambiar las conversaciones en esta Zona?

Lo primero para lograr una gestión eficiente del tiempo es revisar esas creencias y tomar solo las que realmente nos beneficien. La actividad no aporta necesariamente el logro.

Una adecuada planificación se basa sobre metas claras. No podemos saber nuestra necesidad de tiempo si no sabemos exactamente lo que perseguimos y cómo lo queremos conseguir. A lo anterior se suma que en la mayoría de las ocasiones se toman con ligereza la presencia de interrupciones continúas, el mal manejo de las reuniones cotidianas, la no identificación de bloques de tiempo improductivos, el mal uso de herramientas tecnológicas como el correo electrónico o el teléfono e incluso, la incorrecta disposición de los elementos del escritorio.

Así que para iniciar una conversación diferente en esta materia propongo dos preguntas que hace Steven Covey en su libro Los Siete Hábitos de la Gente Altamente Efectiva al iniciar su tercer hábito:

Pregunta 1: ¿Qué puede hacer usted, que no esté haciendo ahora y que, si lo hiciera regularmente, representaría una tremenda diferencia positiva en su vida personal?

Pregunta 2: ¿Qué produciría resultados similares en su vida profesional o en su empresa?

Estas dos inquietudes abren el paso a una mirada diferente del proceso de planificación, la cual, sumada a la fijación de metas efectivas (invito a revisar la zona 15 Ineficacia de Metas), son dos potentes ahorradores de tiempo. Sin ellos, ninguna cantidad de actividad o trabajo duro producirá resultados significativos o aumentará la productividad personal.

Con determinación se puede encontrar el tiempo requerido para planificar. Una sugerencia es bloquear al principio de cada semana un espacio solo para esto, definiendo las prioridades estratégicas de los siguientes días.

Si aplicamos la Ley de Pareto, ideal será que el 20% de nuestro tiempo contribuya al 80% de nuestros resultados. ¿Es esta la relación que hoy en día aplica en la gestión de nuestro tiempo y productividad? Más preguntas a tener en cuenta: *¿Qué parámetros tenemos para establecer prioridades? ¿Cómo esta nuestra capacidad de delegar?*

Otras conversaciones sugeridas están en las zonas de metas, autosabotaje, Condescendencia

SEGUNDA PARTE –

CUADERNO DE TRABAJO

Cómo sigue el camino...

Identificar las señales que nos indican en cuáles zonas estamos, es solo el primer paso. ¿Cuáles son los siguientes?

Segundo paso

Aceptar que estamos o hemos estado allí, que esto trajo consecuencias a nuestra vida y nos hacemos responsables por ello. Aceptación es la clave.

Tercer paso

Declarar nuestro compromiso para cambiar las conversaciones que nos llevaron allí, a partir de lo que hemos visto en la primera parte de este libro.

Cuarto paso

Ponernos en acción

Y es aquí, cuando este cuaderno de trabajo será muy útil, pues una vez ubicada(s) la(s) zona(s) en las que quieres profundizar, puedes buscarlas aquí. Vas a encontrar que hay algunas zonas agrupadas. Esto se debe a la posibilidad de intervenirlas a partir de los mismos ejercicios y trabajos prácticos.

¡A trabajar!

Zona 1: De la incapacidad y el derrotismo

¿De qué estamos hablando?

Recordemos un poco: en este espacio no sólo desconocemos nuestra valía, sino que damos un paso seguro hacia el cultivo de estados de ánimo como la resignación en donde nos decimos que no importa lo que hagamos, nada va a cambiar o la frustración que propicia diálogos de igual calibre como "no puedo hacer nada" o "nada de lo que hago me resulta". La diferencia entre uno y otro es que en el segundo todavía hay pelea, mientras que en el primero se baja la cabeza. En esta zona rondan emociones como enojo e incluso impotencia. Vivo en conversaciones de "yo no puedo", otros lo hacen mejor que yo.

¿Cómo generar conversaciones diferentes frente a esta zona?

1. *Para iniciar, son importantes conversaciones de autorreconocimiento: fortalezas y debilidades. La sensación de duda que genera el pensar que no somos*

capaces de atrevernos a..., parte de un desconocimiento de nuestros recursos personales.

Ejercicio propuesto

Auto auditoria

Es un inventario de nuestras habilidades, fortalezas, logros, debilidades y necesidades de desarrollo y lo podemos realizar a partir de una herramienta utilizada en planificación empresarial, tan simple como poderosa: el DOFA. Al llevar a cabo una auto-auditoría completa también podríamos hacer balance de creencias de fondo, valores y hacer un análisis biográfico para notar los patrones que puedan ser relevantes. Para hacerla imprime o haz una fotocopia, en lo posible, de la hoja del cuadro Matriz Personal

1. FORTALEZAS

Primero, haz una lista extensa de las fortalezas que identifiques como claves en tu vida y en la consecución de cada uno de tus logros. Recuerda revisar factores físicos, intelectuales, emocionales, educativo-culturales, socio-económicos y espirituales. Luego, elije las 5 más importantes para ti y piensa en qué medida te han apoyado a alcanzar tus logros.

- ¿Cuáles son mis habilidades, cualidades, valores?
- ¿Qué actividades realizo con gusto y he tenido buenos resultados?

2. DEBILIDADES

En este análisis será importante revisar tus factores físicos, intelectuales, emocionales, educativo-culturales, socio-económicos y espirituales. Al igual que en el ítem de fortalezas, haz primero una lista y de allí elije las cinco que más te obstaculicen y más emociones negativas te despierten.

- ¿Cuáles actividades he notado que me quitan energía y no me hacen sentir bien?
- ¿Qué me hace sentir mal? ¿Hay cosas de mi forma de ser que me impiden obtener mejores resultados? (carácter, pensamientos recurrentes, autoestima)

3. OPORTUNIDADES Y AMENAZAS

Para las oportunidades identifica aquellas circunstancias que se dan o podrían darse en tu entorno y podrían beneficiarte para alcanzar tus metas personales. De este modo, las amenazas serán las situaciones que probablemente representen un riesgo o peligro en tu medio y pudieran dificultar el cumplimiento de tus metas. Ten en cuenta la respuesta a la siguiente pregunta *¿Es una amenaza real para mí? ¿En qué me baso para creer esto?*

Es importante que consideres elementos tanto de tu marco micro-social (familia, pareja, trabajo, escuela); así como factores de tu marco macro-social (elementos político, social, económico, cultural y tecnológico de tu país o del mundo).

Ahora, vas a cruzar la información que ya tienes así:

4. ESTRATEGIAS FO (Fortalezas y Oportunidades)

Esta es una situación muy ventajosa para tu crecimiento y desarrollo personal, por lo que debes prestar mucha atención a estos elementos, mantenerlos y potenciarlos, tienes mucha probabilidad de éxito, pues aprovechas tus fortalezas, lo mejor de ti para abordar las oportunidades que has visto en tu entorno.

¿Estoy esperando que las oportunidades aparezcan o tengo la capacidad para crearlas? ¿Qué nuevas oportunidades puedo generar aquí y ahora?

5. ESTRATEGIAS DO (Debilidades y Oportunidades)

Esta es una situación conveniente que te permitirá explorar y trabajar otras opciones de tu entorno que te ayuden a transformar tus debilidades en fortalezas. ¿Cómo puedes aprovechar alguna oportunidad en favor de mejorar alguna de tus debilidades? ¿Qué desafío puedo emprender y al cual no me había atrevido?

6. ESTRATEGIAS FA (Fortalezas y Amenazas)

Esta también es una situación conveniente pues te permite explotar tus fortalezas personales y utilizarlas con inteligencia para aminorar las amenazas de tu entorno.

7. ESTRATEGIA DA (Debilidades y Amenazas)

Esta es una situación crítica, ya que tienes una alta probabilidad de fracasar y comprometer tu desarrollo personal, por lo que es fundamental poner mucha atención en trabajar para mejorar tus debilidades y mejorar tu entorno. Aquí puedes observar el tipo de situaciones o circunstancias de las cuales deberías mantenerte alejado hasta que hayas encontrado la forma de equilibrar la debilidad que no te permite dar el paso hacia ella, o si decides mantenerte a un lado.

CUADRO DE MATRIZ PERSONAL

MATRIZ FODA	FORTALEZAS (aumentar)	DEBILIDADES (disminuir)
Factores internos / Factores Externos		
OPORTUNIDADES (aprovechar)	ESTRATEGIAS FO	ESTRATEGIA DO
AMENAZAS (neutralizar)	ESTRATEGIAS FA	ESTRATEGIA DA

2. Es momento de colocar lo que has hecho, como un espejo frente a ti...

Ejercicio propuesto

A partir del anterior ejercicio, tómate un espacio contigo y conversa a partir de las siguientes preguntas

- ¿Las cosas que no he querido emprender han sido porque en realidad en mi lista de fortalezas no está lo que necesitaba?

  - Si la respuesta es positiva *¿quiero incorporar una nueva fortaleza? ¿cómo lo haré? ¿qué debilidad puedo equilibrar? ¿qué oportunidades abriré para mí y otros al hacerlo?*

  - Si la respuesta es negativa *¿qué me está mostrando el cuadro que realicé? ¿qué voy a hacer con eso que me doy cuenta?*

2. Podemos modificar la manera en que pensamos y con ello se mueve también lo que sentimos. La realidad no la puedo cambiar, pero sí la forma de relacionarme con ella. De conversar con ella.

Ejercicio propuesto

La conversación, como lo hemos venido experimentando, es una poderosa herramienta a la hora de enfrentar dificultades. Y ese es el ejercicio propuesto: "Conversar para reconectarnos". He aquí los pasos para un nuevo diálogo con tus posibilidades:

Primer paso: Conversa para reconectarte contigo. Siéntate en el sillón y respira. Comienza a darte momentos de tranquilidad. Si te gusta el aire fresco, la montaña, el mar, el agua... respira. Solo respira, concéntrate en cómo entra y sale el aire de tus pulmones, tu nariz... conversar no solo es hablar, es sentir, es alinear nuestros sentidos

Segundo paso. Conversa para reconectarte con tu propósito principal en la vida. No solo con el objetivo que estás buscando. Porque esa meta, si no forma parte de un propósito mayor puede perder fuerza y hacerte perder energía. Si no tengo claro a donde quiero ir, cualquier camino me sirve.

Tercer paso. Conversa para reconectarte con tus recursos. ¿Qué tienes en tu vida que te puede ayudar a alcanzar lo que necesitas? Si es en el área profesional, cuál es tu talento, habilidades, lo que te diferencia, con que contactos cuentas, quién te puede apoyar. Si es en el dominio personal, qué disfrutas, cuál es tu misión, cuáles son tus valores no negociables, cómo quieres vivir cada día.

Cuarto paso. Reconéctate con tu confianza vital. La confianza es una emoción, pero también es lo que en coaching ontológico se denomina un juicio, es decir, una interpretación de algo y a partir de allí se abre o se cierra nuestra capacidad de intervención en el mundo y de relacionarnos con los demás. Confío en ti porque a partir de tus acciones interpreto que no me vas a defraudar. Pues bien, la confianza vital es una energía clave, porque me lleva a tener la certeza de estar en el camino correcto y que las cosas van a salir lo mejor para mí y en el tiempo más adecuado. A veces creemos firmemente que debemos lograr esto o aquello, estar con esta u otra persona, pero el tiempo nos muestra que lo mejor para nosotros no era ahí.

Y ahora, ya reconectado con lo principal, **conversa para coordinar acciones**: Si no hay movimiento nada pasa. Y si el proceso ha sido desde el corazón, las acciones que declares no van a ser las mismas de antes. Es más, lo aseguro por experiencia propia: los milagros —aquellas cosas que no esperábamos dentro del orden que se podría predecir—comienzan a suceder.

Zonas 2 y 8: De la autonegación y autosabotaje

¿De qué estamos hablando?

Primero, te voy a contar porque estas dos zonas están con las mismas propuestas de ejercicios. Cuando se habla de la autonegación, una de las primeras creencias que la sostienen es "aquí no pasa nada", entonces me cuento buenas historias para justificar lo que dejo de hacer y no me hago cargo de lo que estoy generando con mi insistencia y mi resistencia. Entramos entonces en el terreno de la "Responsabilidad" y en el contexto del coaching se divide en dos: **"Responsa"** y **"Habilidad"**, con lo cual se configura en la habilidad para elegir la respuesta ante cada situación y hacerse cargo de las consecuencias que ello genera. Ahora, en la zona 8 del autosabotaje, salen a la luz —aunque suene irónico hablando de zonas oscuras— conductas que obstaculizan silenciosamente la consecución de metas o logros mediante auto-manipulaciones inconscientes, con lo cual no me puedo hacer cargo.

¿Cómo generar conversaciones diferentes frente a estas zonas?

1. *¿En dónde estamos parados? Lo primero para generar conversaciones diferentes en estas zonas y avanzar, es identificar y ACEPTAR que estoy estacionado en una de ellas. Así que vamos a entrenar.*

Ejercicio propuesto

Vas a llenar la siguiente tabla y una vez la completes la dejas quietecita al menos por un día. Si lo haces a la noche, entonces cuando la retomes te recomiendo que sea en horas de la mañana, ten presente que el horario o clima influye en nuestras emociones y pensamientos

Tipos de autosabotaje	Lo he vivido (si o no)	Cuando (entre más detallado mejor: hechos, días, situaciones)
No finalizo las cosas		
Procrastino (pospongo y pospongo las cosas)		
Reviso y reviso algo hasta que termino no haciéndolo (perfeccionismo)		
Siempre tengo la excusa perfecta		
Temo fracasar		
No he podido desarrollar hábitos		

Elegido el momento de retomar el ejercicio, lees tus respuestas y conversa contigo a la luz de estas preguntas: *¿De qué me doy cuenta?, ¿Qué he perdido por estas conductas?, ¿Qué estoy dispuesto a dejar de hacer?, ¿Qué estoy dispuesto a hacer a partir de ahora?*

2. *La primera práctica te invita a conversar contigo de forma descarnada. Ahora, el siguiente ejercicio conversacional.*

jercicio propuesto

Responde de forma honesta las siguientes preguntas

- ¿Suelo culpar a las personas o a las cosas por mis problemas? ¿Qué emociones genero en mí y los otros?

- Recuerdo la última conversación que tuve sobre una situación que requería ser resuelta o requiere aún. *¿En qué me enfoqué? ¿Cuáles fueron las palabras o frases que me dije? ¿Qué resultados obtuve?*

- ¿Cuántas veces en el último mes, dos meses, personas cercanas me han dicho frases como "¿no te das cuenta que si sigues así vas a perder... o perderme? O ¿qué te cuesta cambiar en...? ... *¿cuáles son tus reacciones predominantes, qué palabras dices, qué emoción le pones?*

3. *Es tiempo de hacer algo que requiere mucho valor, pues muchas de las conductas que suponen un enmascaramiento de una creencia mía, toman una connotación diferente cuando me concientizo del impacto que estoy causando a mi alrededor ¿te animas?*

Ejercicio propuesto

Vas a elegir a 5 personas cercanas a ti (amigos, familia, compañeros de trabajo) y le vas a preguntar:

- ¿Cuáles de mis comportamientos, actitudes y forma de ser aprecias y te aporta valor?

- ¿Cuáles de mis comportamientos, actitudes y forma de ser te ha generado en algún momento dolor o malestar?

- ¿En qué circunstancias he incumplido promesas?

- ¿Recuerdas haberme escuchado cosas que dije iba a hacer y nunca lo hice? ¿cuáles?

Lo que te respondan acéptalo con humildad, porque si elegiste alguna de estas zonas para trabajar es porque sabes que está impactando tus relaciones y resultados. Escúchalos. No te justifiques, no vuelvas a meterte en la zona de autonegación y dales las gracias, porque son tu boleto hacia una mejor versión de ti mismo.

4. *Se necesita valor para admitir espacios de mejora personal. Si hiciste el ejercicio anterior, el paso siguiente es quitar de raíz aquello que pueda impedirte avanzar en el propósito de salir de estas zonas.*

Ejercicio propuesto

Vas a mirar la película infantil **Los croods** de animación, aventura y comedia del año 2013. En términos muy generales, trata sobre una familia prehistórica que utiliza una estrategia de evitación del peligro para sobrevivir lo máximo posible, estrategia defendida e impuesta por el padre. Básicamente, se limita a cazar y a ocultarse en una cueva. Sin embargo, un día es destruida y se ven obligados a viajar y enfrentarse a numerosos peligros con el fin de preservar su vida. La única que cuestiona el estilo de vida refugiado de la familia es su hija adolescente.

Puedes verla solo/a o en compañía (para mí el cine es mejor en compañía) y luego generar una conversación alrededor de preguntas cómo

- ¿Qué hubiera pasado si el miedo les hubiera detenido en la cueva?
- ¿Qué has estado evitando en estas cuevas de autonegación y autosabotaje?
- ¿Qué mundo nuevo podrías comenzar a descubrir si te atreves a aceptar lo que hasta el momento no has aceptado?
- ¿Cuáles serán los primeros pasos?

El primer cambio es el más difícil, el segundo es más sencillo... Un pequeño cambio trae tras de sí una catarata de cambios. Bernardo Stamateas

Zona 3: De la baja autoestima

¿De qué estamos hablando?

La autoestima es un estado mental. Es la manera como cada persona siente y piensa respecto de sí misma y los demás. Es confianza, valoración. Incluye respetar a los demás, pero también tener armonía y paz propias. ¿Y sabes cuál es la buena noticia? Se puede aprender, no es un estado rígido, al contrario, cambia de acuerdo con las experiencias, conversaciones que tengamos con nosotros mismos y emociones que estén presentes. Se habla de baja auto-estima cuando el juicio que tengo de mí no me permite reconocer mis valores, fortalezas y posibilidades, y se centra en mis falencias o ideas. La imagen y estima que tengamos de nosotros, son directamente proporcionales a nuestras posibilidades de éxito en lo que emprendamos. ¿Por qué? Porque cuando pensamos en una tarea o negocio, estaremos obligados a tomar riesgos y eso no va a ser posible si tenemos baja autoestima, pues los diálogos en este espacio nos van a llevar a ubicarnos en el lugar más seguro y menos visible —que generalmente es el mantenernos en zonas de no cambio—, porque no confiamos en nosotros.

¿Cómo generar conversaciones diferentes frente a esta zona?

1. *Para iniciar, es importante conversaciones de autorreconocimiento de necesidades, habilidades, cualidades ¿quién creo que soy? ¿a quién veo en el espejo?*

Ejercicio propuesto

Te propongo escribir un poema titulado "SOY". Olvídate de la rima o si alguna vez has hecho poesía. Solo conéctate con quién crees que eres. ¿Para qué un poema? La poesía nace en el alma, es lo más cercano a su voz, atraviesa el corazón más duro, por eso te puede conectar con tus emociones más profundas, con tu cuerpo, con tu mirada. Trata de verte en todas tus facetas: en aquello que amas de ti y en lo que no, en las palabras de las que te sientes orgulloso/a y en las que no... y conviértelas en poesía. Es una forma también de sacar de otra manera lo que hay en tu cabeza en esas noches a solas.

2. *El siguiente ejercicio lleva a la auto-aceptación y comenzar a bucear en el origen de aquellos pensamientos que tienes sobre ti.*

Ejercicio propuesto

Toma el poema que hiciste y léelo cada noche o cada mañana, de seguro van a ir apareciendo más versos... y en cada lectura ve sintiendo como aceptas esa persona que inspiró tu poema, o sea TU, en tanto que admites y reconoces todas las partes de ti mismo como un hecho, como forma de ser y sentir. En este proceso de auto-aceptación, es importante reconocer de donde vienen las cosas que nos decimos de nosotros mismos. Cuál es la fuente de esos juicios personales y si estás conversando con tus aspectos a mejorar como si fueran parte de tu identidad. ¿Cómo es esto? Es muy diferente que utilices lenguaje como "soy un fracasado" a "he cometido errores que me han costado caro".

El siguiente paso es hacer una lista de los adjetivos negativos que has oído de ti a lo largo de tu vida, provenientes de padres, familia, amigos, tú mismo. Y en frente de cada uno en mayúscula vas a escribir:

UNA OPINION ES SOLO ESO, UNA OPINIÓN. NO ES MI REALIDAD. SI HE TENIDO ESTOS COMPORTAMIENTOS LOS PUEDO MODIFICAR.

Genera una conversación, mirando la lista que construiste, a partir de preguntas como *¿de dónde vienen mis autocríticas? ¿de mí o de los demás? ¿qué poder les he dado?*

Este es un ejercicio propuesto por Susan Forward en su libro "Chantaje emocional. Claves para superar el acoso moral" y busca identificar las cosas que he convertido en creencias. Alguien me dijo que yo era "incapaz de..." y yo lo recibí como "Soy incapaz, inepto/a, torpe" ... Entonces, si ese es el sistema de creencias que has instalado, **¿cuál es el que debes comenzar a instalar a partir de ahora para tener un mejor concepto de ti mismo?**

3. *Elabora un plan de "mejora de autoestima". Aquello que no se mide y no tiene un propósito puede no ser efectivo. Los dos primeros pasos son fundamentales para reconciliarte contigo mismo/a, y este tercero es un espacio de aprendizaje y logros*

Ejercicio propuesto

Genera un espacio para ti. Un café, ¿un vino?, en donde con una nueva mirada de aceptación y autorreconocimiento, te fijes un plan de acción. Para esta conversación parte de preguntas como

- ¿Qué versión de mí quiero comenzar a potenciar?

- ¿Qué debo mantener de mi autoconcepto para lograrlo? ¿Qué debo eliminar?

- ¿Qué situaciones en las que hoy en día no me siento cómodo debido al concepto que tengo de mí, puedo comenzar a abordar de forma diferente?

- ¿Qué palabras distintas voy a decirme?

- ¿Cómo me voy a sentar diferente, caminar diferente?

- ¿Qué debo recordar de quién yo SOY para sentirme más cómodo conmigo en esos espacios?

Si comienzas a concientizar tus cambios, desarrollas y fortaleces tus capacidades y potencialidades, te aceptas y respetas, esto comenzará a sumar pequeños logros que re-alimentan tu autoestima. Conversa con tus logros, por pequeños que sean, escucha lo que ellos tienen que decirte: *¿quién tuviste que ser para alcanzarlos? ¿qué valores de ti estuvieron presentes?*

Nuestra autoestima es como una planta: hay que abonarla, conversarle de forma positiva y no descuidarla jamás.

Zonas 4,7 y 10: De la indecisión, apego, y resistencia al cambio

¿De qué estamos hablando?

De estacionarnos en medio de un cruce de caminos, con la mano en la cabeza mirando las opciones para continuar sin poder decidirnos por alguna y corriendo el riesgo de considerar devolvernos al camino por el cual veníamos. Estamos hablando de oportunidades que no se tomaron porque no fuimos capaces de abandonar una zona de confort (conocida) o renunciar a ciertos hábitos o procesos. Estamos hablando de lanzarnos de picada en una piscina (pileta) de dudas, pero nos sumergimos tanto que nos quedamos hundidos, en el fondo, y cuando logramos salir a flote nos volvemos a decir ¿y ahora qué?

Es por esto que estas tres zonas están muy cercanas la una de la otra, en el mismo vecindario solo que con puertas de entrada diferentes, por eso se pueden trabajar de forma conjunta. A la **zona 7 del apego** se accede por la incapacidad consciente de soltar *"lo que hay no me sirve,* *pero soy incapaz de dejarlo ir"*, mientras que la **zona 10 de la resistencia al cambio** tiene el letrero de "algo de lo que hay aquí m*e sirve, aunque a los demás no"* y en la **zona 4 de la indecisión** aparece un letrero con la frase *"¿será que sí me sirve?* Sin importar la puerta por la cual se acceda, todas generan consecuencias muy parecidas: dificultad para aceptar ajustes o cambios en nuestras vidas con los consecuentes costos emocionales y relacionales.

Salir de estas zonas permite romper ataduras y lograr conversaciones más contundentes con el miedo a la pérdida que conlleva dejar algo atrás, para entrar a otras que permiten ver las ganancias de lograrlo.

¿Cómo generar conversaciones diferentes frente a estas zonas?

1. *Vamos a calentar motores. Con frecuencia, detrás de la resistencia al cambio o a soltar, hay falta de confianza en uno mismo y nos lleva a decirnos que no podremos con lo que viene, o nos costará demasiado y es preferible quedarnos como estamos, aunque no vivamos a plenitud. Por eso el primer ejercicio propuesto lleva a experimentar físicamente el peso que emocionalmente ya estamos cargando sin darnos cuenta y la liviandad que nos permite el comenzar a fluir.*

Ejercicio propuesto

Este es un ejercicio práctico. Consigue piedras de tamaño medio y luego con un marcador escribe en cada una de ellas los apegos que sientes tener (personas, relaciones, situaciones, hábitos, objetos, etc.) y luego distribuye esas piedras en tus bolsillos o en una bolsa y cárgalas durante todo el día. Sí. TODO EL DÍA. ¿Reuniones de trabajo? ¡Claro! ¿Caminatas planeadas? ¡Pues con las piedras! Una vez tu cuerpo comienza a molestarte por el peso que llevas, podría llegar un momento en el que tendrás que detenerte y elegir cuál piedra comienzas a dejar por el camino para que no te siga pesando tanto. Elije una o dos y antes de tirarla conversa: *¿Cuánto tiempo llevo cargándola realmente en mi vida? ¿Qué me detendría para arrojarla? ¿Qué gano al hacerlo?*

Solo cuando tengas claras esas respuestas toma una decisión: TIRALA y permítele a tu cuerpo volver a caminar ligero. De seguro en tu vida está pasando lo mismo y es momento de elegir cuáles apegos quieres comenzar a dejar en el camino y qué de ti estás dispuesto a mejorar y cambiar.

2. *Una vez tomada la decisión, consciente de liberarte de las zonas de confort (apegos) en las cuales estabas, el siguiente paso es cambiar la conversación que seguramente tienes las expectativas que se*

generan ante cualquier decisión y que nos carga de ansiedad y necesidad de control, lo cual consume nuestra energía vital.

Ejercicio propuesto

Este es un ejercicio de conversación de coaching pura y propone pasar del diálogo de "expectativa" al de "diseño de futuro". Propongo partir de las siguientes preguntas (cámbiale el sentido acorde con lo que estés trabajando: indecisión, apego o resistencia al cambio):

- ¿A que me he venido resistiendo hasta el momento?, ¿Qué busco con esa resistencia?, ¿Qué puedo aprender de ella?, ¿Qué beneficios voy a obtener si la dejo?

- Me imagino que fluyo en esta situación (suelto, acepto la necesidad de cambio, me decido) ¿Cómo me veré?, ¿Qué cosas estaré consiguiendo?, ¿Qué impacto tiene en mi vida y en la de quienes me rodean?

- ¿Qué obstáculos puedo prever en este proceso?, ¿Qué estrategias pueden ayudarme a afrontarlos?

3. *Las conversaciones que has venido generando está claro que siguen cerrándote posibilidades de avanzar, entonces te invito a una práctica diferente.*

Ejercicio propuesto

Vas a crear un juego. ¡Amo los juegos! De hecho, es mi técnica base, junto con las herramientas de coaching, para intervenir y entrenar equipos corporativos. ¿Has visto una baraja de tarot? Pues vamos a hacer algo parecido y crear una "Baraja preguntona" y en lugar de imágenes que significan algo va a contener preguntas. Así es. No nos da respuestas, nos da preguntas. Para iniciar, toma una hoja tamaño carta u oficio. Haz 16 cuadritos de papel de la misma medida, tú la eliges. Escribe en cada uno de ellos una pregunta (en total serán 16). Toma como base las que te he venido proponiendo o "googlea" si quieres con búsquedas como "preguntas para superar la indecisión". Acude a tus amigos, busca un coach, sé creativo.

Te ayudo con ejemplo de preguntas: Si pasa esto, ¿cómo lo voy a gestionar?, ¿Qué voy a hacer?, ¿Qué es lo peor que puede ocurrir?, ¿Qué me hace falta para tomar la decisión? ¿A qué le temo?, ¿Cuál es el paso más pequeño que puedo tomar para avanzar en esta situación?, ¿Qué quiero en mi vida en este momento?, ¿Cómo aportará esto que me hace dudar, en mis objetivos personales a mediano plazo?, ¿Esto importará dentro de 5, 10 años?

Una vez las tengas, si es posible invita a otra persona de confianza, si no, pues tu solo(a). Coloca todos los papelitos con el texto boca abajo de manera que no lo puedas leer. Piensa nuevamente en la situación frente a la cual no puedes tomar la decisión y levanta la primera ficha al azar. Lee la pregunta en voz alta (o que te la lean si juegas con otro) y responde. No puedes dejar de responder ninguna. Tómate todo el tiempo que quieras. Puedes ir escribiendo las respuestas. El juego termina, o cuando hayas pasado por las 16 preguntas o cuando sientas que has encontrado respuestas suficientes para avanzar en esa decisión.

¿Qué cambia acá? Primero: que te comprometes a buscar nuevas preguntas, diferentes, retadoras, que cuestionen realmente lo que te viene deteniendo. Allí ya vas a empezar a encontrar miradas diferentes. Segundo: al hacerlo en forma de juego el cuerpo se distensiona, la emoción de la sorpresa (¿qué pregunta saldrá ahora?) ayuda al cerebro a buscar nuevos caminos y de esta manera la conversación ya no está anclada al temor. ¡Relájate!

Zona 5: De la condescendencia

¿De qué estamos hablando?

Esta es una zona muy interesante, porque en principio está relacionada con la magnanimidad y la generosidad. No nos digamos mentiras, una persona que vive para otros, trata de dar gusto a los demás, comprender lo que otros sienten, y lo que necesitan siempre será apreciada. "Tan buena persona que es Pedro", "Usted siempre tan amable Juana" ... siempre tan dispuestos a servir al otro. De hecho, la palabra "condescendencia" viene del latín *condescendere* que significa ponerse al nivel de alguien y así, la persona se acomoda a los deseos o gustos del otro por bondad.

La pregunta aquí es: si esta conducta es positiva ¿por qué es una zona oscura? Porque en la otra cara de la moneda es muy factible que una persona condescendiente caiga en la auto-negación de sus propias necesidades y sentimientos, por atender las de los otros y como ya lo vimos en la primera parte, es probable que tenga dificultades para decir NO y BASTA. ¿Consecuencias? No cumplimiento de sus propios objetivos, mala gestión del tiempo (obvio, por hacer lo del otro seguro no le va a alcanzar para hacer lo propio) e incluso afectación de la autoestima.

¿Cómo generar conversaciones diferentes frente a esta zona?

1. *Vamos con un calentamiento. Para iniciar, y tal como se trabaja en la zona de la baja autoestima, vas a tener conversaciones de autorreconocimiento, en esta ocasión enfocándote en lo que lo te ha movido a instalarte por momentos en este espacio. Es un ejercicio de profundización en nuestras motivaciones, no en nuestras razones.*

Ejercicio propuesto

Hora de escribir. Toma una hoja y lapicero. Piensa en dos o tres ocasiones en las que quisiste haber dicho NO como aceptar una tarea extra o ir a un lugar que no querías, pero dijiste SI y eso te impactó de alguna forma (tuviste que quedarte trabajando más de la hora habitual, te sentiste incómodo(a), hiciste algo con lo cual no estabas de acuerdo, etc.)

Ve a la primera situación y descríbela lo más que puedas. Una vez hecho, escribe debajo las palabras **"Para qué hice eso"** y en frente, la respuesta. Después, vuelve a escribir debajo **"Para qué"**, responde a partir de lo último escrito y así cuantas veces sea necesario hasta que llegues al principal motivo de tu acción. Pon atención que tu respuesta sea al "Para qué" y no al "Por qué". Es importante que este ejercicio lo hagas con la mayor cantidad de situaciones posibles, porque de esa manera al final vas a comparar lo que salió y comenzarás a darte cuenta de patrones de creencias con relación a aceptar lo que otros te piden, cediendo a tus propios deseos.

Ejemplo

Para qué hice eso	Para que no piense que no me gusta acompañarlo
Para qué quiero que no piense eso	Para que me siga invitando a sus reuniones de amigos
Para qué quiero que me siga invitando	Para que no se sienta solo
Para qué quiero que no se sienta solo	Para que no tenga la tentación de buscar a otra que lo acompañe
Para qué quiero que no busque a otra persona que lo acompañe	Para que nuestra relación no se dañe
Para qué quiero que no se dañe nuestra relación	Para no estar sola
Para qué no estar sola	Para no decepcionarme a mí misma porque no quiero sentirme rechazada y le tengo miedo a la soledad

Mi esposo me pidió que le acompañara a una cena con unos compañeros de trabajo, pero yo quería haber visto la final del reallity que venía mirando, sin embargo, no fui capaz de negarme y fui. Tal como lo imaginé me aburrí como una ostra porque solo hablaron de cosas de trabajo. No es la primera vez que pasa pero siempre acepto"

En este ejemplo, la razón profunda tiene que ver con miedo al rechazo, decepción y a la soledad. Entonces nos damos cuenta que estamos visitando otra zona y habrá que abordar las conversaciones respectivas.

2. *Ahora, es importante tener un acercamiento a las herramientas que de seguro ya está dentro de nosotros para abordar estas situaciones, y de paso concientizarnos de los costos que estamos pagando y lo que podríamos ganar si logramos movernos de acá.*

Ejercicio propuesto

Imagínate que existe un "YO" tuyo en una dimensión paralela, que vive las mismas circunstancias, mismas personas a su alrededor y algo adicional: es capaz de decir NO cuando considera que debe hacerlo, pero no es una persona huraña, al contrario, sabe cómo ayudar, apoyar, dar la mano al otro, pero de forma equilibrada. Vas a sostener un diálogo con él. Como viejos amigos se van a tomar un café (hay que disponer de un espacio tranquilo, solo – no sea que te digan que andas loco/a hablando solo/a-). Qué respondería ese otro "Yo" en esa conversación, a preguntas como:

- ¿Cómo logras mantener el equilibrio entre lo que quieres y lo que otros te piden?

- ¿Qué parte de ti, de tu forma de ser y pensar, te ayuda a no ser condescendiente en todo momento?

- ¿Qué satisfacciones has tenido que yo no?

- ¿Cómo te niegas a hacer algo con tranquilidad y sin generar conflicto?

3. *¿Cómo entrenar el NO asertivo? Una vez se han descubierto las creencias (motivos) que sostienen nuestra dificultad para mantenernos en los NO que se quieren decir, aquí algunas recomendaciones para los momentos de verdad.*

Ejercicio propuesto

Considera esta técnica a la hora de negarte a algo que no puedes o no quieres:

Técnica del Sándwich: se expresa un mensaje positivo antes, en el intermedio la razón y después nuestro rechazo a la petición que nos hacen y termina con otro mensaje positivo. En caso que sea posible, una propuesta adicional. De esta manera conseguimos que la negativa no sea tan "áspera" como un no y activamos los sentimientos positivos del otro.

Ejemplo: Le invitan a salir: "Gracias por pensar en mí (POSITIVO), pero he trabajado mucho y estoy cansado, prefiero descansar hoy (RAZON) y mañana, si aun quiere, lo volvemos a hablar (POSITIVO)"

Usa el lenguaje corporal para reafirmar postura: mira a los ojos del interlocutor, mueve la cabeza para enfatizar la respuesta, voz clara y firme acompañada de una cara amable. Si no es prudente o no lo tienes claro el poder o no, el querer o no en ese momento, menciónalo y pide plazo para pensarlo. Habla desde el corazón, sincero y transparente. A veces la parte contraria necesita una explicación de peso y desconoce que no puede realmente, o los temores existentes (como en el caso de ejemplo del ejercicio anterior)

"Ni sumisión, ni agresividad, el equilibrio es el asertividad".

-Riso Coma Walter-.

Zonas 6 y 14: Del miedo (incluye Hablar en público)

¿De qué estamos hablando?

¿Qué harías si no tuviera miedo? Con esa pregunta cerramos el recorrido por la zona 6 en la primera parte de este libro, y si la contestaste, es posible que te hayas dado cuenta de los espacios de "no posibilidad" que hasta el momento has generado. Pero es importante, antes de presentar la propuesta de ejercicios para darle la vuelta a estas conversaciones, ser conscientes de algo: **"Mientras vivamos el miedo nunca se irá"**. Entonces ¿para qué todo esto?, podríamos preguntarnos. La respuesta es sencilla: para relacionarnos de forma tal con esta zona que seamos capaces de hacer lo único que nos saca de allí: ACCIONAR. Abrirnos paso a través de esta zona hace que nuestra sensación de impotencia disminuya y con ella se vaya nuestra interpretación de miedo=dolor y parálisis (Yo inferior) para darle paso a otra de miedo=acción y amor (Yo superior)

Entre las diferentes manifestaciones del miedo está el temor a hablar en público, por eso si esa es en la zona en la que estas, los ejercicios aquí propuestos son el primer paso para cambiar las conversaciones frente a esa dificultad que has declarado tener a la hora de exponerte ante los demás.

¿Cómo generar conversaciones diferentes frente a estas zonas?

1. *Vamos con un calentamiento. La primera conversación que debemos cambiar es la que tenemos en nuestro interior y que nos señala inferioridad frente a aquello a lo cual enfrentamos. Así que antes de ver cómo podemos hacerlo, es importante que nos la creamos. ¿Preparados?*

Ejercicio propuesto

Toma conciencia de la fuerza que tienes dentro. Deja de pensar en lo que "no soy" o "no puedo" y pasa a una conversación de respeto por ti mismo, a partir de la conexión con frases que cumplan el papel del entrenador que saca lo mejor de sus jugadores. Ejemplos de ellas son *"aún en momentos de oscuridad puedo ser yo mismo"*; *"puedo manejar todo lo que suceda en mi vida con amor y poder"*; *"tengo en mí todo lo que necesito para superar esta situación"*. Es tu turno. Elabora entre tres y cinco afirmaciones de respeto por ti mismo que te hagan sentido

Una vez lo hayas hecho, repítelas cuantas veces sea necesario hasta que sientas que crees realmente en lo que escribiste y, luego, piensa en tres situaciones que en este momento te preocupan y te generan algún tipo de miedo en cualquier nivel, desde preocupación hasta pánico o fobia. Una vez las tengas, escríbelas iniciando con la pregunta **"¿Qué pasa si...?** y en frente solamente escribe dos palabras **"¡Lo manejaré!"**. Así es, suena simple, pero se trata de cambiar esta simple conversación de *"esto es más grande que yo"* a "L**o manejaré**"

Ej. ¿Qué pasa si me despiden del trabajo? ¡Lo manejaré!

¿Qué pasa si me bloqueo momentáneamente en mi exposición? ¡Lo manejaré!

¿Qué pasa si..........................?

¡Lo manejaré!

¿Qué pasa si..........................?

¡Lo manejaré!

¿Qué pasa si..........................?

¡Lo manejaré!

2. *Habiendo dado un primer paso hacia una programación diferente en el patrón de pensamiento frente a esta emoción, es importante comenzar a mirar más de cerca cada uno de nuestros miedos.*

Ejercicio propuesto

Elije el miedo a superar, consciente de lo que has perdido o dejado de hacer por su presencia en el pasado y descríbelo a partir de las siguientes preguntas.

- ¿Cómo se presenta? (¿qué siento en mi cuerpo?)

- ¿Qué pensamientos llegan a mi cabeza? ¿cuáles son mis conversaciones?

- ¿Qué perdí o estoy perdiéndome de hacer o sentir?

- A partir de lo anterior, si ese miedo tuviera una intención positiva para mí, ¿cuál sería?

- ¿De qué me pudo o puede estar protegiendo?

- ¿Qué recursos no tenía o no tengo en este momento (personales, técnicas de expresión oral, económicos, etc.) frente a esa situación y podría ser una de las cosas que mi miedo me estuviera previniendo?

Hora de escribir. Teniendo en cuentas las respuestas que acabas de obtener, haz una carta para ti, en donde te comprometes a hacer lo necesario y más, para superar ese miedo que te ha limitado.

3. *Visualizar es ver con los ojos cerrados y equivale a proyectar en nuestra pantalla mental, una película de algo que deseamos nos suceda, de forma tal que el cerebro recibe esas proyecciones y sirve para potenciar la acción.*

Ejercicio propuesto

Crea una imagen mental de ti mismo habiendo superado el miedo, visualízate al menos durante 10 minutos al día, a la misma hora, actuando como si ya lo hubieses superado. Si es el miedo a hablar en público, imagínate frente a muchas personas o frente a quienes normalmente debes exponer:

- ¿Qué estaría haciendo?

- ¿Qué conversaciones tendría conmigo mismo?

- ¿Cómo estaría afrontando la situación?

- ¿Cómo estaría mi cuerpo?

4. *Al inicio de este cuadernillo hablamos de la importancia de pasar la acción. La única forma de entrenarnos para salir y entrar de forma natural en la zona del miedo es accionando. Por eso vamos a terminar con el siguiente ejercicio.*

Ejercicio propuesto

Conviértete en estratega. Genera dos planes de acción para esa situación a la cual, por estar anclado en cualquiera de las zonas de miedo, no has sido capaz de abordar. Y en cada uno de ellos responde preguntas cómo: ¿Cuál es el resultado que quiero? ¿En quién me voy a apoyar? ¿Cómo debo prepararme previamente? ¿Y si debo usar este plan (en caso del Plan B) qué ganaré de todas maneras?

Una vez los tenga, no queda más sino: ACCIÓN, recuerde siempre que

Decisión sin acción, es pura ilusión

Zona 9: De las crisis

¿De qué estamos hablando?

Los cambios profundos, inesperados y no deseados, dan paso a lo que llamamos crisis y generalmente al encararlas lo que buscamos es preservar nuestros supuestos básicos, generando explicaciones que conducen a radicalizar antes que a revisar la interpretación hecha de lo que acontece. Lo dijo Rafael Echavarría, uno de los exponentes principales del coaching ontológico: *"la profunda crisis que hoy enfrenta la humanidad es la crisis que compromete la capacidad que tenemos los seres humanos para conferirle sentido a nuestras vidas"*

¿Cómo generar conversaciones diferentes frente a esta zona?

1. *Cuando hablamos de crisis aparecen inquietudes que suenan parecidas a "Esto nos va a obligar a cambiar TODO" o "NADA está bien". Esas generalizaciones llevan a radicalizar, como lo mencioné unas líneas atrás, y no ayudan al ejercicio de reinterpretación que sería clave hacer. Una sana conversación con el cambio que implícito en una situación crítica, conduce a tener una mirada amplia de la situación*

¿tenemos que cambiar TODO?, ¿No hay NADA que sirva? Por eso, te voy a hacer un super regalo al compartirte una de las herramientas que utilizo en mis procesos personales y equipos para comenzar a abordar estas situaciones y es tan sencilla como poderosa, y si no la conocías vas a decir ¿cómo no se me ocurrió antes?

Ejercicio propuesto

Vas a pensar en la situación específica que está causando la crisis por la que atraviesas y con esto como sombrilla, tomas una hoja en blanco y dibujas cuatro columnas:

Primera columna: Lo que quiero conservar. Aquí vas a colocar todas aquellas cosas que, aún en medio de esta circunstancia, están funcionando bien por pequeñas que sean y se deben preservar de cualquier manera.

Segunda columna: Lo que acepto eliminar. Aquí te vas adentrando al cambio mismo, aceptando las cosas que no deben seguir presentes (actitudes, comportamientos, procesos, etc.) para poder avanzar en esta situación.

Tercera columna: Lo que acepto mejorar. Enfócate en las cosas que no hay que eliminar porque funcionan, pero necesitan una mejora, un ajuste.

Cuarta columna: Lo que necesito crear: Este es el espacio para la reinterpretación, para lo nuevo. ¿Qué es aquello que no he tenido en cuenta y si lo hago, comenzaré a generar una diferencia en esta situación? Revisa recursos personales, aprendizajes, conversaciones, nuevas creencias

2. *Es inevitable, que ante la posibilidad de un cambio nuestro cerebro nos de órdenes de supervivencia: "mejor quédate quieto" o "hasta que no tengas toda la información no avances". Hay quienes tienen un tipo de personalidad que les impide dar un paso, si antes no tienen TODO claro, sopesado y medido. Esto sería una buena cosa si no fuera porque corren el riesgo de quedarse dando vueltas buscando la claridad total y cuando se dan cuenta el tiempo ha pasado. Por eso en este segundo ejercicio la invitación es a darnos una inyección de "Movitilina"*

Ejercicio propuesto

¿Has visto como los medicamentos traen usos, composición, posología (intervalo de tiempo en el que se administra) y efectos producidos? Bueno, pues te cuento que la ciencia médica ha avanzado tanto que ya se creó uno contra la parálisis ante las crisis y se llama **"Movitilina"**. De seguro te va a ser útil cuando sientas que no puedes pararte de esta zona y moverte de forma más confiada. Algo cuyo slogan sea *"En caso de crisis, tome **Movitilina**"*

Resulta que la *"**Movitilina**"* es tan avanzada que cada paciente puede adaptar la fórmula. Entonces te invito a crear tu propia versión:

Usos. Vas a identificar las situaciones que pueden o te han generado crisis en tu vida personal o profesional. Ejemplo: Uso primario: creo que me van a echar del trabajo y no se que hacer.

Composición. Aquí puedes incluir todos los recursos que sabes te ayudan a estar más seguro. Ejemplo: Dos gramos de confianza en mí; un gramo de una conversación con lo que creo que puede salir mal y con lo que podría salir bien... etc.

Posología. ¿Cada cuánto te la vas a tomar en caso de presentar los síntomas de estar en esta zona? Ejemplo: una vez cada hora, una vez al día, etc.

Efectos primarios. ¿Qué te va a permitir hacer este medicamento? Ejemplo: una vez administrada la dosis podré tranquilizarme para pensar qué oportunidad no estoy viendo en esta situación tan difícil.

Escribe todo en una hoja pequeña o un post-it y déjala en un lugar visible, así sabes que puedes acudir a ella en cuanto el primer síntoma aparezca o, para que sea aún más real compra un frasco de pastillitas de menta, ya las hay bajas en azúcar, elabora una etiqueta con lo que hiciste y la pegas al envase. Cuando la construyas si puedes apóyate en alguien más, la creatividad compartida es poderosísima.

Zonas 11 y 13: Del "sin propósito" y "sin sueños"

¿De qué estamos hablando?

Son los espacios del "sin" y podría resumirlas en "sin conexión" con aquello poderoso que nos mueve y mantiene vivos a pesar de las dificultades. Son dos espacios que tienen, como ya lo vimos en el recorrido por todas las zonas, diferencias en comportamientos y conversaciones, pero a la hora de hacer el abordaje para trabajarlas no solo se relacionan, sino que se complementan estupendamente.

Además, a estos dos lugares les sostiene La Promesa, un acto lingüístico que define gran parte de nuestra identidad y aquí no es frente al otro, sino frente a nosotros mismos. Su importancia radica en habilitarnos para tener un panorama más claro sobre el alcance de nuestros compromisos: "prometo hacer lo que sea necesario en mi SER y mi HACER para mantenerme alineado con mi propósito o misión personal, en tanto que este es la base para el cumplimiento de mis sueños". Dos promesas en una que incrementan nuestra capacidad de accionar y lograr cosas que antes no veíamos posibles.

¿Cómo generar conversaciones diferentes frente a esta zona?

1. *Vas a iniciar conectándote con tu misión o propósito personal. Se centra en lo que quieres ser (carácter), hacer (aportaciones y logros) y en los valores o principios que dan fundamento a la vida. Lectura recomendada antes de hacer este ejercicio: El hombre en busca de sentido de Victor Frankl*

Ejercicio propuesto

Papel y lápiz. Toma un café, busca un lugar tranquilo y respóndete las siguientes preguntas. Si cuentas con alguien de confianza dale el permiso para que te acompañe en esta conversación y que sea esa persona quién te vaya leyendo los interrogantes y enriquecerlos con los que de su corazón nazcan.

- ¿Qué cosas te motivan e inspiran a vivir?

- ¿Qué factores tienen mayor influencia en tus decisiones?

- ¿Por qué razones haces las cosas?

- ¿Qué le da significado a tu vida?

- ¿Cuáles son tus deseos y aspiraciones más profundas?

- ¿Qué cosas te hacen sentir bien?

- ¿Cómo te gustaría ser recordado?

- Si pudieras resumir en una frase tu misión personal, aquello que conecta todas las respuestas anteriores ¿cuál sería?

Voy a darte mi propio ejemplo. Luego de trabajar hace muchos años en este punto, revisar lo que me gustaba (inspiración, pasión, motivación), lo que se me facilitaba (recursos personales como profesión, cualidades, fortalezas) y lo que quería de mi vida (visión) encontré que esa frase era **"Impactar positivamente la vida de miles de personas"** Y eso ha movido desde entonces cada una de mis decisiones y lo sigue haciendo aún, convirtiendo dificultades en desafíos. Ese es el poder del propósito personal.

Una vez hayas avanzado en estos pasos hacia la conexión con tu propósito personal, lo siguiente es la re-conexión con tus sueños. Y para ello, voy a basarme en las 10 preguntas que encontrarás en el libro "Vive tu sueño" de John Maxwell y están condensadas en lo que él llama "La prueba del sueño".

Ejercicio propuesto

Te pido que cierres los ojos y pienses ¿qué es aquello que en este momento de tu vida anhelas profundamente, al punto que de solo pensarlo sientes cosquilleo en el estómago y el corazón se acelera? Con esto en mente, vamos con la prueba responde si o no en cada enunciado.

1. La pregunta de la posesión: ¿es este sueño realmente mi sueño?

- Sería la persona más contenta del mundo si lograra mi sueño.
- He compartido mi sueño públicamente con otras personas, incluyendo a mis   seres queridos.
- Otros han desafiado mi sueño y yo aún lo anhelo.

2. La pregunta de la claridad: ¿puedo ver mi sueño claramente?

- Puedo explicar lo esencial de mi sueño en una sola oración.
- Puedo contestar casi cualquier pregunta sobre el qué (sino el cómo) de mi sueño.
- He escrito una clara descripción de mi sueño que incluye las principales características u objetivos.

3. La pregunta de la realidad: ¿estoy dependiendo de factores bajo mi control para lograr mi sueño?

- Sé cuáles son mis mejores talentos y mi sueño depende mucho de ellos.
- Mis hábitos actuales y prácticas diarias contribuyen poderosamente al posible éxito de mi sueño.
- Es muy probable que mi sueño se convierta en realidad aun si no tengo suerte, si gente importante me ignora o se me opone o si encuentro serios obstáculos.

4. La pregunta de la pasión: ¿me impulsa mi sueño a seguirlo?

- No se me ocurre nada que preferiría hacer en lugar de ver que se cumpla mi sueño.
- Pienso en mi sueño todos los días y a menudo me despierto y me quedo dormido pensando en él.
- Este sueño ha sido continuamente importante para mí durante por lo menos un año.

5. La pregunta del camino: ¿tengo una estrategia para alcanzar mi sueño?

- Tengo un plan escrito de cómo trataré de alcanzar mi sueño.
- He compartido mi plan con tres personas que respeto para obtener su reacción.
- He realizado cambios significativos en mis prioridades y hábitos laborales para poner mi plan en acción.

6. La pregunta del personal ¿He incluido a las personas que necesito para convertir mi sueño en realidad?

- Me he rodeado de gente que me inspira y que es honesta conmigo en lo que se refiere a mis puntos fuertes y mis debilidades.
- He reclutado a personas con destrezas que complementan las mías para que me ayuden a alcanzar mi sueño.
- He transferido la visión de mi sueño a otros y ellos comparten la posesión de este.

7. La pregunta del costo ¿Estoy dispuesto a pagar el precio de mi sueño?

- Puedo mencionar los costos específicos que ya he pagado hacia el logro de mi sueño.
- Ya he considerado lo que estoy dispuesto a intercambiar para alcanzar mi sueño.
- No estaré comprometiendo mis valores, ni arruinando mi salud, ni perjudicando a mi familia por ir en pos de mi sueño.

8. La pregunta de la tenacidad ¿Me estoy acercando a mi sueño?

- Puedo identificar obstáculos que ya he vencido en la búsqueda de mi sueño.
- Hago algo todos los días, aún si es muy pequeño para acercarme a mi sueño.

- Estoy dispuesto a hacer cosas extraordinariamente difíciles para crecer y cambiar a fin de poder alcanzar mi sueño.

9. La pregunta de la satisfacción ¿Me trae satisfacción trabajar para cumplir mi sueño?

- Estoy dispuesto a abandonar mi idealismo para hacer que mi sueño se convierta en realidad.
- Estoy dispuesto a trabajar durante años e incluso décadas para alcanzar mi sueño porque así es de importante para mí.
- Disfruto ir en pos de mi sueño tanto que aún si fracaso, consideraré que pasé muy bien mi vida.

10. La pregunta de la trascendencia ¿se benefician otros con mi sueño?

- Puedo nombrar a personas específicas además de mí que se beneficiarán si se cumple mi sueño
- Estoy trabajando para formar un equipo que piensa de manera similar a fin de alcanzar mi sueño
- Lo que estoy haciendo para alcanzar mi sueño tendrá importancia en cinco, veinte o cien años

Si pudiste responder "si" a cada declaración, entonces las probabilidades de que veas este sueño convertirse en realidad, son altas. En cambio, si respondiste "no" a una o más, entonces es importante examinar si estás siendo sincero contigo mismo y si este es un sueño poderoso.

Llegado a este punto, el siguiente paso es realizar un plan de acción para avanzar de manera segura. La diferencia entre un sueño y una meta es simple: una fecha ¿cuándo quieres ver realizado tu sueño?

Que no pase un día de tu vida sin que hayas dado un paso, por pequeño que sea hacia tus sueños

Zona 12: Del desamor

¿De qué estamos hablando?

Las rupturas amorosas son una de las principales causas de profundas depresiones que llevan, en algunos casos, incluso a desenlaces tan drásticos como el suicidio. Aquí todo se ve con los lentes del dolor y seguramente del enojo. No podemos aceptar que perdimos a quién queríamos junto a nosotros, incluso cuando era inevitable la separación. En este espacio nos culpamos y "autoflagelamos". Ya vimos las conversaciones que nos pueden conducir a esta zona y las que son importantes de generar para salir de ella, ahora te propongo varios ejercicios para lograrlo.

¿Cómo generar conversaciones diferentes frente a esta zona?

1. *Para dar el primer paso es importante liberar todo aquello que creemos tenemos "atorado" de la relación y de la persona. Y lo primero, es eliminar las conversaciones de "no pasó nada" o "no me pasa nada". ¡Si pasó! ¡Si me pasa algo! Aceptar es liberador. Una vez lo hayas hecho puedes continuar con el ejercicio*

Ejercicio propuesto

Vamos a utilizar la escritura para dos conversaciones diferentes, así que vas a escribir dos cartas a la persona con quién tuviste la ruptura. En la primera de ellas le vas a contar todas las cosas lindas que sentiste junto a él/ella. Qué le agradeces, qué le admiras. ¿Qué vas a hacer con ella? Arma un espacio acogedor acompañado de una copa de vino, una cena o un café, como si lo/la invitaras y luego, en ese contexto, vas a leer la carta. Si las relaciones son buenas como para hacerlo en persona hazlo, si no, no importa, aquí la intención es lo importante. Ese agradecimiento te sanará sin darte cuenta. Puedes cerrar con frases como *"Gracias por todo lo que me diste, yo me lo quedo. Tú puedes quedarte con todo lo que yo te di. De lo que hubo mal entre tú y yo, tomo mi responsabilidad y tú puedes tomar la tuya. Y ahora con amor te dejo ir"*.

Ahora la segunda carta. En ella vas a escribir todo aquello que le reprochas, consideras estuvo mal, sientes te hizo daño o te enojó y nunca te atreviste a decirlo, o cuando lo dijiste lo hiciste con rabia, de pronto con malas palabras o mala actitud. Saca eso que tienes adentro, solo que al hacerlo de esta manera no vas a herir a nadie y tampoco vas a abrir la puerta para que te hieran. Y luego, con la carta en mano, ten la intención de perdonar y perdonarte. ¿Perdonarme? Sí, a veces podemos sentir más rabia con nosotros mismos por haber permitido que pasarán esas cosas, que con el otro. Una vez lo logres quémala y piensa que allí se va todo lo que no quieres siga en ti.

2. *Es momento de tomar aprendizajes de lo vivido. No es extraño que repitamos patrones de relaciones y por supuesto de rupturas. Por eso para movernos de esta zona nos ayudará mucho tener mayor claridad sobre estos patrones para no continuar viviéndolos.*

Ejercicio propuesto

Haz una lista de tus parejas anteriores y en frente de cada uno de sus nombres, escribe los defectos que viste en ellos, aquellas cosas que no soportaste. ¿Notas algún patrón en común? Y genera una conversación contigo a partir de preguntas cómo:

- ¿Cuáles de mis temores he terminado reflejando en cada una de esas personas?
- ¿Mis relaciones han nacido desde el amor (*aceptación mía y del otro, tranquilidad, paz*) o desde el miedo (*a la soledad, al "qué dirán", a la inseguridad*)?
- Si tuviera la oportunidad de tomar un aprendizaje de cada relación ¿Cuál sería? (*busca que sean*

aprendizajes positivos, no cosas como "a no confiar en los hombres/mujeres", eso no es aprendizaje sino bloqueo emocional)

- ¿En qué me he venido fortaleciendo o me quiero fortalecer a partir de todo esto?
- ¿Qué límites pondría que no he puesto en mis relaciones hasta el momento?

3. *La vida es un universo infinito de posibilidades, solo que a veces ante situaciones como éstas, sin darnos cuenta logramos tapar el sol con un dedo. Por eso, un ejercicio obligado debe ser el reconectarnos con todo el amor que está en nuestra vida y vibrar desde allí. Desde la energía que vivamos atraeremos a los demás. ¿a quién quieres atraer? La respuesta que te des indica la energía que debe prevalecer en ti.*

Ejercicio propuesto

Este es ejercicio es sencillo. Se llama **Diario de Agradecimiento de Amor**. Cada noche y durante 21 días como mínimo, antes de acostarte vas a escribir en un cuaderno o libreta una situación o persona que te permitió vivir en amor durante el día. Ejemplos desde lo más sencillo, pero a veces no reconocemos como el beso de mi hijo en la mañana, la recepcionista de la oficina a la que fui y mostró amabilidad, hasta otros como la posibilidad que tuve hoy de ayudar a un ciego a pasar la calle y me lo agradeció con una amplia sonrisa o el llegar a mi hogar para pasar la noche en paz.

Aquellos que han encontrado la fuente del amar dentro de sí, no tienen necesidad de ser amados: pero serán amados"

(Osho)

Zona 15: Zona de Ineficacia I: Incumplimiento de metas

¿De qué estamos hablando?

¿Qué importancia tienen las metas en nuestra vida? Sin ellas volamos sin dirección y cuando esto sucede nos podemos sentir fuera de control. En esta zona vivimos en el espacio de promesas incumplidas con otros y con nosotros mismos. Y si miramos con detenimiento lo que aquí sucede, podemos darnos cuenta que no hay enfoque (no sabemos que queremos lograr, cuáles son nuestras prioridades, que es realmente importante para nosotros), Dirección (claridad sobre el rumbo a tomar); Motivación (Motivos para la acción), ni Propósito

¿Cómo generar conversaciones diferentes frente a esta zona?

1. *Es probable que, en ocasiones, no valoremos nuestros logros y nos centremos en conversar de lo que no alcanzamos. Cambiar esta práctica conversacional es fundamental, porque de la actitud con la cual iniciemos cualquier actividad, depende en gran medida el éxito de lo que emprendamos. Y ni qué*

decir de las herramientas y recursos que vamos descubriendo de nosotros en el proceso.

Ejercicio propuesto

Te propongo que te ubiques en un lugar tranquilo para no ser interrumpido.

a. Revisa lo que has logrado en el último año en diferentes aspectos de tu vida: en tu trabajo, familia, en lo personal, salud. Haz un chequeo de aquellas cosas pequeñas y grandes que te han hecho feliz. No te preocupes en describirlos en detalle, solamente haz una lista. Entre más, mejor.

b. Cuando hayas escrito todos los que se te ocurran, prioriza los cinco que más orgullo te generan. Puede ser desde aprender una receta de cocina y ponerla en práctica cuando siempre decías que no eras un(a) buen(a) cocinero(a), hasta recibirte en algo que cursabas.

c. Organiza esta lista bajo el título "Mis cinco logros del año", o en el lapso de tiempo que hayas elegido.

d. Genera una conversación contigo a partir de preguntas como ¿Quién fui para alcanzar esto que tengo en mi lista? ¿Qué desafíos personales superé? ¿Qué gané con intentarlo y no desistir? ¿Qué emociones me despiertan estos momentos?

- *Con claridad y mayor reconocimiento de todo lo que eres capaz de realizar, es momento de darle forma a tus objetivos y al involucrar la experiencia del movimiento, se logra un aprendizaje corporal importante.*

Ejercicio propuesto

Toma una libreta y escribe en la parte superior de una de sus hojas lo que te estás proponiendo en este momento y no has avanzado. Esto lo harás en respuesta a los siguientes interrogantes basados en las 5W (por las siglas en inglés) bases para la redacción de noticias periodísticas.

1. **Qué.** Qué es lo que quiero exactamente. Bajar de peso no es un objetivo específico. Bajar 5 kilos en dos meses sí.
2. **Quién.** De quién depende el cumplimiento de este objetivo. ¿Solo yo? ¿Se requiere de alguien más?
3. **Cómo.** Cuál es la mejor manera de lograrlo
4. **Cuando.** Cuando me comprometo a dar el primer paso para avanzar haca eso.
5. **Dónde.** Físicamente donde debo instalarme para lograrlo. A qué lugares debo ir.

Con estas preguntas resueltas ubícate en un espacio amplio donde puedas moverte. Traza imaginariamente una línea en el piso que parte del lugar donde estás y termina unos metros más adelante. Visualiza que al llegar al final de ese recorrido está tu meta cumplida y con esa línea como guía, vas a dar cinco pasos, uno por cada pregunta anterior, solo que para avanzar de un paso a otro tienes que contestar las preguntas que te planteo a continuación. Recuerda que no puedes avanzar de un paso a otro, hasta tanto estés convencido de las respuestas que te has dado. Puedes ir escribiéndolas en la libreta.

Primer paso. Qué. ¿Qué importancia realmente tiene esto para mí? ¿Cómo impactará en mí? ¿Qué pasará si no lo logro? ¿Es una meta mía o de otros y lo hago por complacencia?

NOTA. *Este paso es crucial, pues puede ser que llegues solo hasta aquí y te des cuenta que no es un objetivo tan importante como creías, así que ¿vale la pena continuar invirtiendo energía y tiempo? Si este es el caso, devuélvete y trázate otra meta con la cual sí te puedas comprometer.*

Segundo paso. Quién. ¿En quién me puedo apoyar? ¿A quiénes sería importante tener como mis aliados y apoyo?

Tercer paso. Cómo. ¿Qué posibilidad no he explorado para lograr esto que quiero? ¿Qué recursos o hábitos debo incorporar?

Cuarto paso. Cuando. ¿Qué me detiene a iniciar ya? ¿Si no es ahora, cuando?

Quinto paso. Dónde. ¿Cuál es el mejor espacio para llevarlo a cabo?

2. *De muy poco van a servir los pasos anteriores si no te comprometes. De hecho, es muy probable que lo que te ha traído a esta zona o te puede llegar a traer, es la falta de compromiso con lo que te propones. Donde esté tu corazón estarán tus pensamientos, donde estén tus pensamientos estará tu compromiso, donde esté tu compromiso estarán tus acciones y donde estén tus acciones estarán tus resultados. ¿Quieres saber con qué has estado comprometido en tu vida? Revisa tus resultados.*

Ejercicio propuesto

Sírvete un café, tecito o vino tinto. Siéntate cómodamente. Toma una hoja y pasa cada objetivo a través de la lupa de cada una de estas preguntas que te llevan a darle sentido a lo que te propones:

1. ¿Para qué quiero esto? (*Sentido de propósito*)

2. ¿Qué regalo le estaré dando a mi vida con este objetivo si lo cumplo? (*Sentido de gratitud*)

3. ¿A qué estoy dispuesto a renunciar para lograrlo (hábitos, espacios de tiempo, etc.)? (*Conciencia de elección*)

4. ¿Qué me habré demostrado al mantenerme firme en este propósito? (*Sentido de aprendizaje*)

5. ¿Qué haré diferente? (*Sentido de posibilidad*)

6. ¿A qué me comprometo? (*Declaración universal*)

7. ¿Qué perderé, o seguiré perdiendo, si cambio el rumbo de mi compromiso? (*Sentido de costos*)

Zona 16: De la ineficacia II: El Tiempo

¿De qué estamos hablando?

¿Qué parámetros tienes para establecer prioridades?

¿Cómo está tu capacidad de delegar?

Son las preguntas con las que cerramos esta zona en la primera parte del libro y si las desarrollaste, de seguro empezaron a abrir nuevas interpretaciones sobre el manejo o gestión del tiempo, pues definitivamente tiene que ver con algo más que comprar una agenda o tener un planificador sobre la mesa. Se relaciona con honrar mi palabra conmigo y para los demás. Con ser capaz de salir de otras zonas como la resistencia al cambio y con tomar conciencia de la imposibilidad de pedirle prórroga a una hora que ya pasó y al minuto que se dejó de vivir.

¿Cómo generar conversaciones diferentes frente a esta zona?

1. *Vamos al calentamiento. ¿Qué tal una conversación honesta sobre nuestras prioridades? De nada sirve una*

agenda muy planificada, si no estamos teniendo en cuenta estos dos aspectos, porque es muy probable que la agenda no se cumpla o esté mal elaborada. ¿Preparados?

Ejercicio propuesto

Lea el siguiente cuento.

Un experto estaba dando una conferencia a un grupo de profesionales. Para dejar en claro un punto, utilizó un ejemplo que los profesionales jamás olvidaron. Parado frente al auditorio de gente muy exitosa dijo:

- Quisiera hacerles un pequeño examen...

Sacó un jarro de vidrio, de boca ancha, y lo puso sobre la mesa frente a él. Luego puso allí una docena de rocas del tamaño de un puño y empezó a colocarlas una por una en el jarro. Cuando estaba lleno, hasta el tope, y no podía colocar más piedras preguntó al auditorio:

—¿Está lleno este jarro?

Todos los asistentes dijeron SI.

Entonces, volvió a preguntar.

—¿Están seguros?—, y sacó un balde de piedras pequeñas. Echó un poco de piedras en el jarro y lo movió haciendo que

se acomodaran en el espacio vacío entre las grandes. Cuando hubo hecho esto preguntó una vez más:

—¿Está lleno este jarro?

Esta vez el auditorio ya suponía lo que vendría y uno de los asistentes dijo en voz alta "probablemente no". Muy bien, contestó el expositor. Sacó entonces un balde lleno de arena y lo vació en el jarro. La arena se acomodó en el espacio entre las piedras grandes y las pequeñas. Una vez más preguntó al grupo.

—¿Está lleno el jarro?

Esta vez varias personas respondieron a coro: ¡NO!

Una vez más el expositor dijo: ¡Muy Bien!, luego se sacó una jarra llena de agua y echó agua al jarro hasta llenarlo. Cuando terminó, miro al auditorio y preguntó: ¿Cuál creen que es la enseñanza de esta pequeña demostración?

Uno de los espectadores levantó la mano y dijo:

—La enseñanza es que no importa qué tan lleno está tu horario, si de verdad lo intentas, siempre podrás incluir más cosas...

—No —replicó el expositor—, esa no es la enseñanza. Si yo hubiera llenado el jarrón con agua, una sola piedra lo *habría desbordado. La verdad que esta demostración nos enseña es:* **"Si no pones las piedras grandes primero, no podrás ponerlas en ningún otro momento"**

A partir de la anterior lectura, conversa con ¿tus prioridades teniendo en cuenta preguntas cómo:

- ¿Cuáles son las piedras grandes en mi vida, familia, Fe, educación o finanzas?

- ¿Alguna causa que desee apoyar?, ¿Enseñar lo que sé a otros?

- ¿Cuál es uno de mis objetivos prioritarios personal y/o profesionalmente?

- ¿Algún sueño postergado?

Recuerda poner esas piedras grandes primero o no encontrarás un lugar para ellas. Tómate el tiempo para clarificar cuáles son esas prioridades y revisa como usas tu tiempo para que no se quede ninguna afuera, o lo que es peor, te veas obligado a sacar una piedra grande para poder meter arena.

2. *Con lo anterior claro, vamos a usar una herramienta seguramente ya conocida, pero que si realmente la usáramos apropiadamente nuestra relación con la planificación fluiría más: La Matriz de Eisenhower.*

Ejercicio propuesto

Haz una lista de todas tus actividades diarias y a la luz del ejercicio anterior (prioridades) clasifícalas en el siguiente cuadro que cruza la urgencia que requiere esa acción Vs la importancia que tiene en tu planeación general. En cada cuadrante verás la acción sugerida. Por ejemplo, si ubicas

una acción en el espacio de muy importante y muy urgente encuentras que hay que "Ejecutar Ya", en otros espacios hay que delegar o planificar. Y a partir de aquí, el siguiente paso es planificar la semana o el mes de forma tal que cada acción sea atendida con el tiempo y la energía apropiadas.

3. En este punto, nuevamente se requiere una conversación con tu COMPROMISO para que esa agenda se cumpla.

Ejercicio propuesto

Si hay algo de lo que conozco es de planes que no se cumplen. Uno de los objetivos del coaching es llevar a la acción, por eso cada sesión termina con una declaración de compromisos por parte del coachee (persona o equipo que está tomando el proceso), sin embargo, no son pocas las ocasiones en las que al llegar la siguiente sesión escucho frases como "no me alcanzó el tiempo", "no pude hacerlo", "ahora sí lo voy a hacer". ¿Y qué es entonces lo que flaquea? El compromiso, el cual que, como ya lo he mencionado, se refleja en aquello en donde enfocamos nuestro corazón, pensamiento y acciones.

El ejercicio entonces es generar una conversación con tu compromiso con cada una de las acciones. Sí. Con cada una. Y el diálogo a partir de preguntas cómo:

- Esto qué incluyes en tu agenda o plan de acción, ¿cómo aporta a tus grandes objetivos personales y profesionales?

- ¿Qué costos vas a pagar si no la realizas? (emocionales, financieros,) ¿Estás dispuesto a pagarlos?

- ¿Qué vas a ganar si cumples tu plan de acción?

- ¿Cómo te vas a recompensar si lo logras?

- ¿Qué hábitos debes eliminar para lograrlo? (mal uso de internet, hábitos de pensamiento, rutinas diarias, etc.)

- ¿Qué hará que evites volver a esta zona de ineficacia?

Cierre

Hasta aquí este viaje por nuestras Zonas Oscuras. Queda claro que identificar la zona en la que me he instalado y aceptarlo, es fundamental a la hora de abordar las conversaciones precisas para saber qué me llevó hasta allí y cómo emprendo un proceso de mejora personal, cuyos resultados dependerán totalmente de cada uno.

Si el abordaje a las conversaciones propuestas se hace de forma dedicada y permanente, con seguridad se van a ver resultados.

¡Buen viaje y buenas conversaciones!

Contacto con la autora

❖ Contacto para acompañamientos individuales y charlas a grupos o empresas
Mail coach@coachsandramateus.com
Web https://sandramateuscoachescritora.com

❖ Entérese de los talleres, webinars y otras actividades de la autora uniéndose al grupo en Facebook https://www.facebook.com/sandramateusescritora o en Twitter @sandramatcoach o suscribiéndose en http://www.facilitarclic.com

❖ ¿Lleva tiempo pensando escribir un libro, pero no sabe cómo empezar, elegir bien el tema o sacar tiempo para escribir? Abogacía, contaduría, ingeniería, economía, arquitectura, medicina, emprendedor empírico, etc. Si ha ejercido una profesión o actividad por años, acumulado experiencia, anécdotas profesionales o creado un método, ya ha subido el primer peldaño que le puede llevar a dejar un legado a través de un libro. Conozca el método CPN para escribir libros de no-ficción en el siguiente link https://sandramateuscoachescritora.com/mentorias

Bibliografía

Victor Frankl. (2015), El hombre en busca de sentido. Tercera edición. Herder editorial

Anthony Robbins. (2010). Poder sin límites: la nueva ciencia del desarrollo personal. Editorial DeBolsillo Clave

Susan Forward. (2013) Chantaje emocional. Claves para superar el acoso moral. Editorial Grijalbo

Steven Covey. (1997) Los Siete Hábitos de la Gente Altamente Efectiva. Editorial Paidós

John Maxwell. (2012) Vive tu sueño, 10 preguntas que te ayudarán a verlo y obtenerlo" Editorial Thomas Nelson Inc.

¡Gracias por comprar este libro!

Si lo has disfrutado, te ha sido útil y tu compra fue por Amazon, por favor deja tu opinión y las estrellas en la plataforma donde lo adquiriste, eso ayudará enormemente para que más personas se animen a trabajar en sus zonas oscuras y tomen la decisión de ser la mejor versión de sí mismas que están destinadas a ser. ¿Dónde?

Entra a la página donde lo adquiriste y busca en la parte inferior este espacio

Opiniones de clientes

★★★★★ 6

5.0 de 5 estrellas ▾

5 estrellas	▆▆▆▆	100%
4 estrellas		0%
3 estrellas		0%
2 estrellas		0%
1 estrella		0%

Comparte tu opinión con otros clientes

Escribir mi opinión

Ver las 6 opiniones de clientes ›

Filtrar opiniones por

English   Español

OTROS TÍTULOS DEL AUTOR

Guía práctica para evitar malos entendidos: en chats, SMS o correos electrónicos. E-book de la serie SEA EFECTIVO

¿Cómo estamos conversando en redes, mensajería instantánea y medios electrónicos? ¿Qué ruptura en la comunicación se presenta? Esta guía da luces sobre cómo resolver estas barreras en la comunicación digital.
Adquiérelo en
EEUU, Latinoamérica y Caribe
https://www.amazon.com
España http://amzn.eu
México http://www.amazon.com.mx

METAS EFECTIVAS: Proceso guiado de coaching para planificar y alcanzar metas. E-book de la serie SEA EFECTIVO

Diez pasos que llevan al lector a descubrimientos personales poderosos que apoyarán el cumplimiento de los objetivos propuestos. Es un ejercicio que permite explorar todo el potencial interno a partir de recomendaciones y preguntas desde el coaching.
Adquiérelo en
EEUU, Latinoamérica y Caribe
https://www.amazon.com
México http://www.amazon.com.mx
España http://amzn.eu

Querida alma gemela: ¿Dónde carajos estás?: Cartas y relatos de la vida real.

E-book. Cartas y relatos sobre situaciones en las que se compromete el amor propio, seguridad personal y emocional, todo en la búsqueda del "alma gemela"

Adquiérelo en.
EEUU, América y el Caribe
https://www.amazon.com
México http://www.amazon.com.mx
España http://amzn.eu

Legado de vida, un libro para aprender a volar con nuestros niños

Libro para que los adultos trabajen primero en sí mismos y a partir de allí tengan más herramientas para la crianza de sus hijos o docentes con sus alumnos

Adquiérelo en.
EEUU, América y el Caribe
https://www.amazon.com
México http://www.amazon.com.mx
España http://amzn.eu

Made in the USA
Monee, IL
03 April 2020